D1927051

hänssler

SEELSORGE IM DIALOG

Michael Dieterich

Heil und Heilung

Hoffnung für die Seele

Die Deutsche Bibliothek – CIP-Einheitsaufnahme

Dieterich, Michael:
Heil und Heilung : Hoffnung für die Seele / Michael Dieterich.
– Neuhausen–Stuttgart : Hänssler, 1992
(Reihe: Seelsorge im Dialog)
ISBN 3-7751-1766-0

hänssler edition
Reihe: Seelsorge im Dialog
Bestell-Nr. 391.766

Titelbild: Marc Chagall/Cosmopress, Genf
Umschlaggestaltung: Daniel Dolmetsch
Printed in Germany

Inhalt

Vorwort

Wenn man die vielen Anfragen und Gespräche von Menschen, mit denen wir in der Biblisch-therapeutischen Seelsorge arbeiten, etwas sichtet, dann zeigen sich häufig ganz ähnliche Fragestellungen. Man könnte geradezu von vier »Brennpunkten« unserer Seelsorgearbeit sprechen.

Da ist vorab die eher grundsätzliche Fragestellung nach *Heil und Heilung*. Sie führt uns zu der Überlegung, wann und wo sich säkulare Therapien und die biblische Heilsbotschaft begegnen, ob sich diese verschiedenen Heilungs-Aspekte gegenseitig ausschließen, bedingen oder überhaupt nichts miteinander zu tun haben. Im ersten Kapitel dieses Buches wird, ausgehend von einem biblisch-ganzheitlichen Menschenbild, gezeigt, in welchem Verhältnis Theologie, Psychologie und Medizin zueinander stehen und sich zur Heilung der Menschen »verbünden« können. Daß dabei auch die »Innere Heilung« behandelt wird, ist fast selbstverständlich. Ich halte es für dringend notwendig, hierzu biblisch fundierte Aussagen zu machen.

Im zweiten Kapitel, und damit auch dem zweiten Brennpunkt unserer Seelsorgearbeit, wird über die *Macht der verirrten Gedanken* berichtet. Unsere Gedanken und Gefühle bedingen sich gegenseitig. Verirrtes Denken kann zu depressiven Verstimmungen, Selbstwertproblemen, Ängsten usw. führen und oftmals erleben Menschen, in einem wahren Teufelskreis über viele Jahre hinweg, diesen Zustand. Eine ganze Reihe von praktischen Hilfestellungen wollen Wege zeigen, wie man der Macht der verirrten Gedanken entrinnen kann.

Das dritte Kapitel geht besonders auf die *Erziehung* im christlichen Elternhaus und in der Gemeinde ein. Weil wir damit rechnen müssen, daß weit über die Hälfte aller seelischen Krankheiten vor dem Hintergrund einer falschen Erziehung zu sehen sind, ist dieses Kapitel besonders zur Vorbeugung seelischer Krankheiten von großer Wichtigkeit. Es wird auf »ekklesiogene Neurosen« eingegangen und deutlich gemacht, daß es seelische Krankheiten in den Gemeinden gibt, diese aber nicht im ursächlichen Zusammenhang mit der biblischen Verkündigung, sondern im Umfeld der Erziehung zu sehen sind. Nachdem die religiöse Entwicklung beschrieben ist, werden Wege aufgezeigt, die es ermöglichen, eine hilfreiche Pädagogik anzubieten. Zehn »Testfragen« machen deutlich, daß sich in den meisten Fällen der Erzieher selbst ändern muß.

Im vierten Kapitel, und damit auch vierten Brennpunkt in der Seelsorge, wird ein Weg in die kindliche *Vergangenheit* beschritten und ansatzweise gezeigt, wie prägend frühkindliche Erfahrungen für den persönlichen *Lebensstil* des Menschen sein können. Die großen »Strebungen« der Menschen nach Macht, Besitztum, Ehre und Selbstverwirklichung, werden vor dem Hintergrund der christlichen Gemeinde untersucht und dabei gezeigt, daß es darum geht, einen ausgewogenen Mittelweg zu finden. Weil das Lebensstilkonzept im engen Zusammenhang mit der Erziehung zu sehen ist, werden in diesem Kapitel abschließend nochmals einige Ratschläge für die Kindererziehung gegeben.

Dieses Buch ist die erweiterte Fassung einer Vortragsreihe für Seelsorger und Ratsuchende zu Brennpunkten der Seelsorge. Der Vortragsstil wurde im wesentlichen beibehalten, man darf deshalb keinen wissenschaftlichen Apparat erwarten. Einzelheiten zu allen Kapiteln können den Lehrbüchern entnommen werden.

Mein Wunsch und Ziel ist es, daß die folgenden Zeilen ein Dienst für die Gemeinde Jesu sein mögen. Brennpunkte können zum einen ein schärferes Hinsehen provozieren – zum anderen aber auch zum gezielten Brennen führen. An beides ist gedacht, denn beides tut uns selbst und unseren Gemeinden not.

Michael Dieterich
Kernen im Winter 1991/92

Heil und Heilung

Darf man Heil und Heilung im Zusammenhang sehen? Wenn ja, wie eng ist dieser Zusammenhang? Oder beschreiben die beiden in der Bibel so häufig vorkommenden Worte einen ganz verschiedenartigen Sachverhalt?

Solche und ähnliche Fragen bewegen viele Christen. Es gibt Gruppierungen, die davon ausgehen, daß ein Mensch, der durch Christus neues Leben geschenkt bekommen – und damit das Heil erfahren hat – sofort auch körperlich »heil« wird. Wenn dies nicht der Fall ist, wird nicht selten an der Qualität seiner Glaubensentscheidung gezweifelt. Seelsorge am kranken Menschen wird vor diesem Hintergrund dann oftmals zu einer Fragestellung nach einem »fehlt es an der Fülle des Heiligen Geistes?« oder »ist es ein Zuwenig an Vergebung?« und nicht selten zu der Diagnose »da sind bestimmt noch okkulte Reste« reduziert. Oftmals sucht man auch verkrampft nach »Verwundungen« in der Vergangenheit, weil sich – trotz wiederholtem Gebet der Ältesten nach Jakobus 5 und trotz Handauflegung – keine Verbesserung der körperlichen Krankheit zeigt.

Es gibt aber andererseits auch Christen, die die körperlichen Anteile des Menschseins so gering achten, daß für sie die Begegnung mit Jesus Christus praktisch keine Rückwirkungen auf ihr körperliches Sein im hier und jetzt hat. Sie trennen (mit den Gedanken Platons) die geistlichen und körperlich-seelischen Aspekte – oftmals in dem Sinne, daß das Körperliche »schlecht« oder »unrein« ist. Heil und Heilung haben vor einem solchen Hintergrund dann überhaupt nichts miteinander zu tun. Neben der Geringschätzung des Leibes kann es mit einem derartigen Denken aber auch zum absoluten Ausleben der körperlichen Ansprüche, zum Hedonismus und zu Verirrungen des Gedankens von der »herrlichen Freiheit der Kinder Gottes« kommen.

Wir merken, daß genau geklärt werden muß, was mit »Heil«

und »Heilung« gemeint ist, ehe man damit einem Ratsuchenden helfen kann. Viele Seelsorger leiden unter der Unschärfe der Begriffe, und es ist deshalb sicherlich hilfreich, vorab die theologischen Grundlagen zu klären.

Heil und Heilung im Neuen Testament

Durch die Verwendung als Grußformel in der Hitlerzeit hat »Heil« einen schlechten Geschmack bekommen. Wir müssen deshalb nach verständlicheren Übersetzungen des griechischen Wortes »soteria« suchen, um deutlich zu machen, was im Neuen Testament damit gemeint ist: man kann es mit Rettung, Hilfe, Erlösung besser verdeutlichen. Schon im Lobgesang der Maria (Lukas 1,46ff) wird der erwartete Messias als Retter und Erlöser der Welt besungen und die Engel bezeugen den Hirten (Lukas 2,11): »... euch ist heute der Heiland (soter) geboren ...«.

In dreifacher Weise zeigt sich im Neuen Testament die Wirksamkeit des Heils zur Befreiung aus der Knechtschaft:

1. *Gegenüber der Sünde:* »Da sprach nun Jesus zu den Juden, die an ihn glaubten: Wenn ihr bleiben werdet in meinem Wort, so seid ihr wahrhaftig meine Jünger und werdet die Wahrheit erkennen, und die Wahrheit wird euch frei machen. Da antworteten sie ihm: Wir sind Abrahams Kinder und sind niemals jemandes Knecht gewesen. Wie sprichst du denn: Ihr sollt frei werden? Jesus antwortete ihnen und sprach: Wahrlich, wahrlich, ich sage euch: Wer Sünde tut, der ist der Sünde Knecht... Wenn euch nun der Sohn frei macht, so seid ihr wirklich frei.« (Johannes 8,30ff.)
2. *Gegenüber den Angriffen des Satans:* »Oder wie kann jemand in das Haus eines Starken eindringen und ihm seinen Hausrat rauben, wenn er nicht zuvor den Starken fesselt? Erst dann kann er sein Haus berauben.« (Matthäus 12,29). Mit diesem Gleichnis zeigt Jesus einen Kontrapunkt zur pharisäischen Dämonenlehre. Er ist der Retter, der den Starken bindet und die Gefangenen in die Freiheit führt.

3. *Gegenüber dem Tod:* »Ich bin die Auferstehung und das Leben. Wer an mich glaubt, der wird leben, auch wenn er stirbt; und wer da lebt und glaubt an mich, der wird nimmermehr sterben.« (Johannes 11,25–26)

Vor dem Hintergrund dieses dreifachen Heilsangebotes Jesu sind auch die Heilungsberichte zu sehen. Z. B. in Markus 2,1 ff bei der Heilung des Gelähmten. Als er den Glauben der Menge sah, die ein Loch in das Dach machten, um den kranken Menschen zu ihm zu bringen, sprach er zu dem Gelähmten: »Mein Sohn, deine Sünden sind dir vergeben«. Einen derartigen Freispruch konnte sich kein normaler Mensch erlauben, deshalb war die Reaktion der Pharisäer verständlich: »Er lästert Gott! Wer kann Sünden vergeben als Gott allein?«. Zum Zeichen seiner göttlichen Vollmacht heilt jetzt Jesus den Gelähmten.

Die Heilung von der Krankheit zum Tode, von der Sünde, ist der zentrale Auftrag Jesu. Im Blick darauf sagt er auch: »Die Starken bedürfen keines Arztes, sondern die Kranken. Ich bin gekommen, die Sünder zu rufen und nicht die Gerechten« (Markus 2,17).

Neben den Evangelien haben auch die Apostelgeschichte und die neutestamentlichen Briefe diese Schau von Jesus und seinem Wirken: »Und in keinem andern ist das Heil, auch ist kein andrer Name unter dem Himmel den Menschen gegeben, durch den wir sollen selig werden« (Apostelgeschichte 4,12). »Denn ich schäme mich des Evangeliums nicht; denn es ist eine Kraft Gottes, die selig macht (rettet) alle, die daran glauben...« (Römer 1,16). »Wie wollen wir entrinnen, wenn wir ein so großes Heil nicht achten...« (Hebräer 2,3).

In vielen Berichten im NT wird uns gezeigt, daß Jesus Christus Menschen auch körperlich gesund macht. Doch alle diese Zeichen und Wunder hatten für Jesus wohl nur begleitenden Charakter. Sie mußten nicht zwingend zur Verkündigung des Heils treten; vielleicht deshalb nicht, weil die Auswirkungen der Wunder oftmals ganz unterschiedlich sind. Einerseits machen Zeichen und Wunder sehr viel Eindruck und bestätigen Jesu Vollmacht (Markus 7,36), andererseits können sie jedoch sogar die Gläubigen verleiten:

»Denn es werden falsche Christusse und falsche Propheten aufstehen und große Zeichen und Wunder tun, so daß sie, wenn es möglich wäre, auch die Auserwählten verführten« (Matthäus 24,24).

Nicht nur Jesus hat geheilt, auch seine Jünger erhielten den Auftrag dazu (Lukas 10,9). Sie standen jedoch dabei zugleich in der Gefahr, solche Zeichen und Wunder zu überhöhen und den Blick für das eigentliche Ziel der Sendung Jesu zu verlieren. Bereits nach ihrem ersten Einsatz mußten sie korrigiert werden. Als sie davon erzählten, daß ihnen auch die bösen Geister untertan seien, sagte Jesus: »Ich sah den Satan vom Himmel fallen wie einen Blitz. Seht, ich habe euch Macht gegeben, zu treten auf Schlangen und Skorpione, und Macht über alle Gewalt des Feindes; und nichts wird euch schaden. Doch darüber freut euch nicht, daß euch die Geister untertan sind. Freut euch aber, daß eure Namen im Himmel geschrieben sind« (Lukas 10,18 ff). Noch deutlicher warnt Jesus in der Bergpredigt vor enthusiastischem Gebrauch dieser Begabungen, weil sie vom Zentrum des Evangeliums, der Heil schaffenden Sühnetat, ablenken können, indem er sagt: »Es werden nicht alle, die zu mir sagen: Herr, Herr! in das Himmelreich kommen, sondern die den Willen tun meines Vaters im Himmel. Es werden viele zu mir sagen an jenem Tage: Herr, Herr, haben wir nicht in deinem Namen geweissagt? Haben wir nicht in deinem Namen böse Geister ausgetrieben? Haben wir nicht in deinem Namen viele Wunder getan? Dann werde ich ihnen bekennen: Ich habe euch noch nie gekannt; weicht von mir, ihr Übeltäter« (Matthäus 7,21 ff).

Während zur Erdenzeit Jesu Heil und Heilung häufig zusammenhängend erfahren werden, gebraucht Paulus – nachdem Jesus Christus die Heilstat auf Golgatha vollbracht hatte – das Wort »Heil« in seinen Briefen praktisch ausschließlich, um damit zu beschreiben, daß Christus in die Welt gekommen ist, um Sünder zu retten: »Das ist gewißlich wahr und ein Wort des Glaubens wert, daß Christus Jesus in die Welt gekommen ist, die Sünder selig zu machen ...« (1. Timotheus 1,15). Der Aspekt der Krankenheilung tritt dabei weit in den Hintergrund.

Im Blick auf die Bitte um Heilung von körperlicher oder

psychischer Krankheit ergeben sich mit diesen neutestamentlichen Erkenntnissen Konsequenzen für die Seelsorge: Gott kann bewirken, daß Menschen an Leib und Seele völlig gesund werden – aber er muß es nicht. Er läßt sich nicht dazu zwingen, weder durch intensive Hingabe im Gebet noch durch das Gebet vieler. Das Nichteintreffen der Erhörung des Gebets darf deshalb auch nicht mit mangelndem Glauben im Zusammenhang gesehen werden. Der Schöpfer dieser Welt behält sich eine Souveränität vor, die oftmals auf viel grundlegendere und tieferreichende Veränderungen im Leben der Christen abzielt. Im Blick darauf, was Gott mit seinen Kindern vorhat, kann die »schnelle Heilung« sogar eine Flucht vor der dringend notwendigen Auseinandersetzung mit sich selbst sein.

Unbeschadet dieser Einsicht bleibt der brüderliche Dienst am kranken und belasteten Menschen im Sinne von Jakobus 5 geboten: »Leidet jemand unter euch, der bete; ist jemand guten Mutes, der singe Psalmen. Ist jemand unter euch krank, der rufe zu sich die Ältesten der Gemeinde, daß sie über ihm beten und ihn salben mit Öl in dem Namen des Herrn. Und das Gebet des Glaubens wird dem Kranken helfen, und der Herr wird ihn aufrichten; und wenn er Sünden getan hat, wird ihm vergeben werden« (Jakobus 5,13–15).

Das Gebet im Namen des Herrn kennt also einerseits die volle Zuversicht auf Heilung und schließt andererseits die völlige Bereitschaft ein, sich unter seinen Willen zu beugen. Diese göttliche Pädagogik ist kein billiger Trost, sondern führt zu Glaubenserfahrungen, die zu den größten Wundern in der Bibel gehören: »Es dient zu eurer Erziehung, wenn ihr dulden müßt. Wie mit seinen Kindern geht Gott mit euch um; denn wo ist ein Sohn, den der Vater nicht züchtigt (d. h. korrigiert, ermahnt, führt)? Seid ihr aber ohne Züchtigung, die doch alle erfahren haben, so seid ihr Ausgestoßene und nicht Kinder. Jede Züchtigung aber, wenn sie da ist, scheint uns nicht Freude, sondern Leid zu sein; danach aber bringt sie als Frucht denen, die dadurch geübt sind, Frieden und Gerechtigkeit« (Hebräer 12,7–11). Für die verfolgten Christen, von denen der Hebräerbrief hier spricht, wurde ihre schwere Lage sogar zu einem Beweis für die Gotteskindschaft.

Allen, die mit diesen biblischen Einsichten Schwierigkeiten haben, sei nochmals ganz deutlich gesagt: Wir dürfen die biblische Heilung körperlicher Gebrechen nicht wegdiskutieren, wie dies über lange Zeit hinweg getan wurde. Der Glaubende erfährt Heilung jedoch nicht in einem mysteriösen Sinne, sondern weil er verstanden hat, daß Gottes Macht nicht am Ende ist, wenn unsere menschliche Macht nicht mehr weiter kann. Wir dürfen deshalb auch nicht auf Plakatsäulen abdrucken: »In dieser Evangelisationsveranstaltung wirst Du gesund«. Eine solche Art der Werbung hat das Evangelium nicht nötig – auch wenn die Menschen sehr darauf anspringen. Unsere Verkündigung muß dem suchenden Menschen deutlich machen, daß Gott dann mit Macht eingreift, wenn die menschlichen Möglichkeiten am Ende sind. Und dies tut er auch nur dann, wenn er will. Also nochmals: Die Heilung kann den Glauben nicht gründen, sondern sie setzt ihn voraus. Deshalb ist es nicht der richtige Weg, Menschen mit dem primären Ansinnen in die Predigt zu bringen, daß sie gesund werden. Heilungsgottesdienste sind keine biblisch angemessene Art der Verkündigung, auch dann nicht, wenn sie den Wünschen der Menschen, gesund zu werden, noch so sehr entsprechen und wenn die Kirchen und Säle überquellen. Wichtiger als körperlich gesund zu sein ist es, daß der Mensch das Heil in Christus erfährt.

Ich weiß, daß diese Art der biblischen Lehre nicht allen schmecken wird. Und sie ist für viele auch sehr schwer anzunehmen. Viele Menschen kommen in die Gottesdienste, um gesund zu werden. Wer möchte es ihnen verargen?

Ich bekomme stapelweise Briefe von Menschen, die fragen: »Warum macht mich Gott denn nicht endlich gesund?« Wenn ich die Not, die hinter all den Zeilen steckt, wahrnehme, bin ich oftmals bereits durch das Lesen erschöpft. Und dann muß ich mir immer wieder sagen, diese körperlichen und psychischen Nöte, die Schmerzen, die Gebrechlichkeit – all das macht Gott im »Nachgang«. Heilung kommt nicht an erster, sondern an zweiter Stelle – wenn es sein Wille ist.

»Wer so verkündet, hat leicht reden ...«, werden viele Betroffene jetzt sagen, »... der ist ja gesund.« Ich verstehe seelisch und körperlich kranke Menschen sehr und habe mit Hunderten von Leuten gesprochen, mich in ihre Nöte hineinversetzt und manche auch selbst erlebt. Ich weiß genau, wovon ich rede, wenn ich sage, daß Heilung bei Gott im »Nachgang« erfolgt. Nur deshalb weiß ich aber auch, was es bedeuten mag, wenn es sich Gott leisten kann, seine Kinder in ihrer Krankheit zu belassen.

Zusammenfassend können wir nun aber zu unserer Überschrift sagen: Heil ist das Weltumfassende, das unbedingt Notwendige, das Zentrale des Evangeliums. Deshalb ist Jesus Christus auch der »Heiland«.

Krankenheilung hat in der Bibel auch eine zeitbedingte Dimension. Wir müssen, wenn wir das NT im Rahmen der damaligen medizinischen Verhältnisse sehen, davon ausgehen, daß es keine Antibiotika gegen Infektionen und keine tricyclischen Verbindungen gegen bestimmte Ausprägungsformen der endogenen Depressionen gab. Da mußte unser Herr und die Jünger, die er zur Heilung aufrief, anders vorgehen. Auch das, was heute als Wunder angesehen werden muß, z. B. die Heilung eines Krebsgeschwürs, kann womöglich in absehbarer Zeit auf relativ einfache Weise durch neuentwickelte therapeutische Verfahren geheilt werden. Hier dürfen wir uns nicht in falscher Weise festlegen und deshalb ist es auch wichtig, die biblischen Prioritäten und die Zusammenhänge zu sehen: Das Heil kommt vor jeder Heilung. Dieser Sachverhalt, und damit das Ergebnis der Betrachtungen des ganzen Kapitels kann in einem einzigen kurzen Merksatz zusammengefaßt werden: *Sündenvergebung muß sein, Krankenheilung kann sein.*

Sündenvergebung muß sein. Hierauf haben wir von der Schrift her gesehen ein Recht, das uns der Vater im Himmel einräumt. Wir dürfen hingehen und sagen: »Lieber Herr, der Schuldbrief ist zerrissen, der gegen mich war, und jetzt nehme ich die Vergebung meiner Schuld in Anspruch.« Gott stellt sich zu seinem Versprechen, er hat sich dafür verbürgt, deshalb hat er seinen Sohn geschickt. Auf die Sündenvergebung können wir bauen, auf die Krankenheilung nicht.

Krankheit – und wie man sie diagnostizieren kann

Kranke Menschen fragen immer wieder nach den Ursachen ihrer Krankheit, und es scheint so zu sein, daß dieses Wissen dann bereits zu einem Keim für die mögliche Heilung wird.

Wenn wir nachfolgend auf die möglichen Entstehungsgeschichten verschiedener Krankheit eingehen, ist es hilfreich, mit einem Modell zu arbeiten, das aufzeigt, daß hinter den jeweiligen Krankheiten die verschiedensten Ursachen stehen können.

Nicht alle Krankheiten sind durch Erkenntnisse aus der Medizin zu erklären; zwar kann man sie beschreiben, aber die Ursache ist nicht immer eindeutig auszumachen. Als Christen dürfen wir davon ausgehen, daß die ganze Wirklichkeit Gottes aus der sichtbaren und unsichtbaren Wirklichkeit besteht. Man kann dies an einem Modell so darstellen, daß die horizontale Ebene die sichtbare Wirklichkeit und die senkrecht dazu stehende Ebene die unsichtbare Wirklichkeit zeigt. Am einfachsten wird dies durch das Achsenkreuz der Abbildung 1 modellhaft dargestellt.

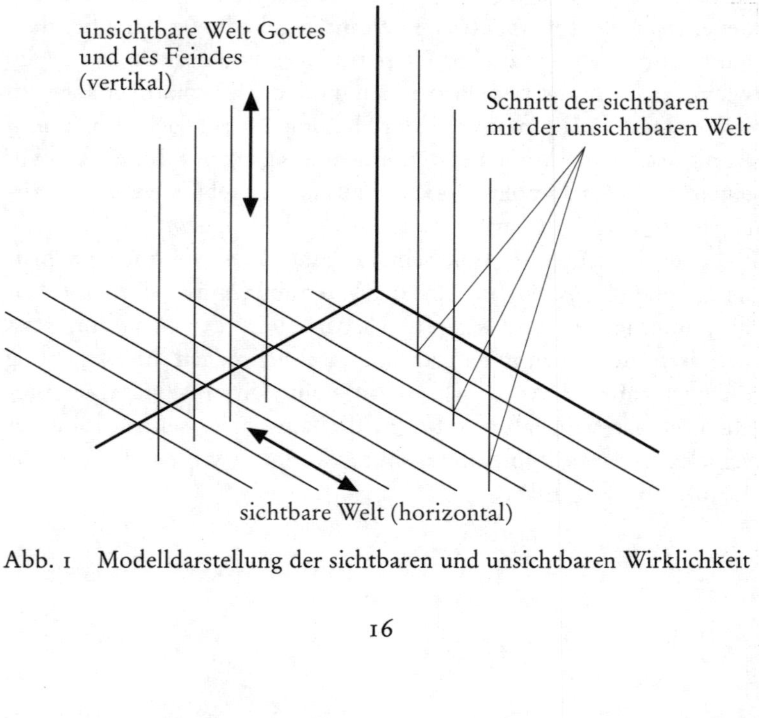

Abb. 1 Modelldarstellung der sichtbaren und unsichtbaren Wirklichkeit

In der sichtbaren Welt geschieht all das, was innerweltlich belegbar und überprüfbar ist. Hier gelten die naturwissenschaftlichen Gesetzmäßigkeiten, z. B. das »Ursache-Wirkungsprinzip«, was für unsere Überlegungen bedeutet, daß sich für Krankheiten in der Regel Hintergründe festlegen lassen. Biologie, Chemie und Biochemie sind die Grundlagenfächer, und auf dieser Ebene der Wirklichkeit können wir dann zu einem Patienten z. B. sagen: »Wenn du in bestimmten Regionen Südamerikas schmutziges Wasser trinkst, wirst du mit ziemlicher Sicherheit eine Cholerainfektion bekommen, die nach einem bekannten Schema abläuft«. Auf dieser innerweltlichen Ebene lassen sich aber auch die Ursachen vieler seelischer Krankheiten erklären. Man konnte mit neuen diagnostischen Verfahren feststellen, daß ein kleiner Defekt bei der Verbindung der Enden der Nervenzellen ungeheure Folgen hat. Die sogenannte »Neurotransmittersubstanz«, die als Botenstoff notwendig ist, um die Verbindung der Nervenenden herzustellen, ist dafür verantwortlich, daß Stimmungsschwankungen von »himmelhoch jauchzend« bis »zu Tode betrübt« bei uns Menschen entstehen. Allerkleinste Mengen, Bruchteile eines Gramms zu wenig, sind also die Ursache für viele Depressionen.

Ob nun der Mangel an Botenstoffen durch einen Fehler im biologischen System des Menschen beeinflußt wird, durch eine begleitende Krankheit, durch eine Schwangerschaft, durch Drogeneinnahme – oder aber durch langanhaltendes Leid, durch verdrängte Schuld oder durch eine entsprechende Erziehung – für den leidenden Menschen ist dies nicht so wichtig. Er erlebt die Depression gleichermaßen schwer, unabhängig davon, welche Entstehungsursachen vorliegen. Fachleute allerdings unterscheiden zwischen »endogenen« und »exogenen« Depressionen, d. h. solchen, die durch innere bzw. äußere Ursachen entstanden sind.

Zusammenfassend können wir sagen, daß es nicht nur für körperliche, sondern auch für viele seelische Krankheiten biologische Ursachen gibt. Die Forschungen auf diesem Gebiet gehen weiter voran und die kommenden Jahrzehnte werden noch sehr viel von dem, was sich manche Menschen derzeitig kaum vorstellen können oder was heute noch als »Wunder« gesehen werden muß, relativieren. Mancher »Ast« wird noch abgesägt werden, um mit einem Bild zu sprechen – und wer auf der falschen Seite sitzt, fällt dann hinunter. Es ist deshalb, weiter im Bild gesprochen, wichtig, auf der richtigen Seite zu sitzen, was bedeutet, unerklärbare Hintergründe von Krankheiten nicht vorschnell durch mystische Ursachen zu begründen. Nicht selten können sie durch präzisere Untersuchungen jetzt oder zukünftig innerweltlich erklärt werden. In der Kirchengeschichte wurden hier schon viele Fehler gemacht. Denken wir an Galilei und seine Erkenntnisse zur Drehung der Erde um die Sonne, dann haben wir ein bekanntes Beispiel hierzu. Aber auch heute noch erleben wir in unseren Gemeinden in der Seelsorge ähnliches, z. B. dann, wenn man bei gewissen Formen der Schizophrenie, die sich durch ein Hören von fremden Stimmen zeigen oder dadurch, daß der kranke Mensch sich in wahnhafter Form z. B. für einen Apostel oder gar für Jesus Christus selbst hält, vorschnell eine dämonische Besessenheit diagnostiziert. Ich werde weiter unten noch zeigen, daß es ursächliche Zusammenhänge zwischen Krankheiten und den dunklen Mächten aus der unsichtbaren Wirklichkeit durchaus geben kann, aber wir wollen vorab auf dem Gebiet der innerweltlichen Gesetzmäßigkeiten der sichtbaren Wirklichkeit konsequent arbeiten (im Sinne des »machet euch die Erde untertan«).

Wenn es darum geht, eine Krankheit, deren Ursache im sichtbaren und innerweltlichen Bereich der Wirklichkeit liegt, zu heilen, dann brauchen wir gute Fachleute, Ärzte, Therapeuten und Seelsorger, die sich bemühen, die Zusammenhänge zu sehen und gründlich zu diagnostizieren. Immer wieder werde ich gefragt, ob ich einen gläubigen Arzt für diese oder jene körperliche Krankheit kennen würde. Oft muß ich dann sagen, daß für sehr viele Krankheiten nicht die Glaubensdimension des Arztes an erster Stelle steht, sondern seine fachliche Kompetenz, daß man also zur Krankenbehandlung einen guten Fachmann braucht. Natürlich gibt es dem Patienten Sicherheit, wenn er weiß, daß er von einem Glaubensbruder untersucht wird, und so ist ein Christ, der gleichzeitig medizinischer Fachmann ist, ganz besonders hilfreich.

Daneben wollen wir aber auch deutlich sehen, daß nicht alle Hintergründe von Krankheiten naturwissenschaftlich, also auf der

Ebene der Innerweltlichkeit, begründet werden können. Gerade der ernsthafte Forscher, der in seinem naturwissenschaftlichen Bereich lebt, erkennt, daß es immer wieder Phänomene gibt, die er nicht kausal beschreiben kann. Er findet hierfür Beschreibungen, z. B. das »Rauschen« oder das »Unschärfeprinzip«, spricht von einer »Singularität« oder führt das kausal nicht Erklärbare auf das »Chaosprinzip« zurück. Es gibt also eine ganze Reihe von Erklärungen für Phänomene, deren Ursachen mit den herkömmlichen diagnostischen Methoden nicht oder noch nicht beschrieben werden können. Vor einem derartigen Hintergrund ist auch der Raum für den glaubenden Christen freigemacht, einen biblischen Lösungsansatz aufzuzeigen. Wenn wir dies im Sinne von Hebräer 11,13 tun, dann beschreiben wir, wie in der Abbildung 1 gezeigt, die ganze Wirklichkeit Gottes nicht nur durch den bisher erklärten innerweltlichen Anteil der sichtbaren Wirklichkeit, in dem die Naturgesetze ihre Gültigkeit haben, sondern nehmen die unsichtbare Wirklichkeit hinzu – um damit die ganze Wirklichkeit Gottes zu sehen. Durch ein Modell, wie in Abbildung 1 dargestellt, ist dies natürlich nur sehr unvollkommen abzubilden. Ich verwende eine ähnliche Darstellungsweise, wie sie auch Karl Heim einsetzte, als er die Dimensionen jeweils verminderte, um die »Vierdimensionalität« ansatzweise vorstellbar zu machen. Die ganze Wirklichkeit Gottes ist dann nicht nur die flache Ebene in der Abbildung 1, dort spielt sich nur das sichtbare und empirisch erklärbar Geschehene ab. Es kommt die im Bild senkrecht dazu stehende unsichtbare Welt Gottes und des Feindes hinzu. Wie gesagt, es handelt sich hier um den Versuch einer Darstellung, um ein Modell. Die unsichtbare Wirklichkeit Gottes läßt sich ja prinzipiell nicht durch unsere Sinnesorgane oder Medien erfassen und erklären.

Wichtig ist jedoch, daß im Bereich der *sichtbaren* Wirklichkeit durchaus Phänomene wahrzunehmen sind, die ihren Ursprung in der unsichtbaren Welt haben. Im Modell der Abbildung 1 sind diese Phänomene durch die sich kreuzenden Parallelen dargestellt, sozusagen den Schnittstellen der Transzendenz mit der Immanenz, der unsichtbaren mit der sichtbaren Wirklichkeit. Praktisch bedeuten diese Schnittstellen, daß die Erscheinungen (z. B. Krankheiten) naturwissenschaftlich nachweisbar sind, nicht jedoch ihre Ursachen. Um es noch kürzer auszudrücken: Man erkennt sehr wohl die Phänomene, kann jedoch deren Kausalität nicht erkennen.

Der nichtgläubige Forscher wird jetzt vielleicht von einer Singularität, von der Unschärfe oder von der Innovation, die aus dem Chaos kommt, sprechen. Für den Christen ist es ohne Schwierigkeiten möglich, hier vom »Wunder«, vom »Eingreifen Gottes« – aber auch von der Wirksamkeit okkulter Mächte – die ihren Ort auch in der unsichtbaren Wirklichkeit haben – auszugehen.

Am praktischen Beispiel soll dieser Sachverhalt nochmals deutlicher erklärt werden. Der Mediziner, Psychotherapeut oder Psychologe stellt fest, daß ein ratsuchender Mensch alle lehrbuchmäßigen Zeichen der Depression, der Schizophrenie oder einer anderen Psychoseform zeigt. Entsprechend wird dann auch die Diagnose ausfallen. Wenn er also fachgemäß diagnostiziert und danach die fachlich anerkannte Therapie eingeleitet hat, kann es sein, daß dennoch kein Heilungserfolg eintritt. Er wird jetzt – und dies ist bei seelischen Krankheiten, die im übrigen im Vergleich zu körperlichen weitaus schwieriger eindeutig zu diagnostizieren sind, durchaus üblich – von einer »Therapieresistenz« ausgehen. (Bei den Psychopharmaka, die bei endogenen Depressionen eingesetzt werden, ist dies immerhin bei ca. ¼ aller Patienten der Fall).

Es kann aber sehr wohl auch möglich sein, daß die Ursachen für diese Krankheit ihren Ursprung nicht in der sichtbaren Wirklichkeit haben. Dies ist dann der oben beschriebene Schnittpunkt der sichtbaren mit der unsichtbaren Wirklichkeit, im Bild durch die Kreise angedeutet. Der behandelnde Arzt oder Therapeut wird jetzt womöglich immer weiter versuchen, mit verschiedensten Mitteln (jedoch erfolglos) Heilung zu verschaffen und wird nicht selten den Patienten zu einem Kollegen weiter überweisen.

Gut ist derjenige Therapeut beraten, der eine ganzheitliche Schau hat und davon ausgeht, daß es neben der sichtbaren noch eine andere Wirklichkeit gibt, die man nicht sehen kann und in der die klassischen Gesetzmäßigkeiten nicht gelten. Ein solcher Denkansatz ist nicht unwissenschaftlich, er folgt nur nicht mehr dem herkömmlichen Ursache-Wirkungsprinzip. Ernstzunehmende Forscher haben dies erkannt und gehen davon aus, daß es Sachverhalte gibt, die man wahrnehmen, jedoch nicht kausal deuten kann.

Eine ganzheitliche Diagnostik in der Seelsorge

Nachdem wir mit dem ganzheitlichen biblischen Menschenbild gesehen haben, daß die Ursachen für körperliche und seelische Krankheiten sowohl aus der sichtbaren als auch der unsichtbaren Wirklichkeit kommen können, läßt sich eine systematische Diagnostik ableiten.

Wir verwenden wieder das Modell aus der Abbildung 1, ein dreidimensionales Koordinatensystem. Die horizontale Fläche entspricht der sichtbaren, die vertikale der unsichtbaren Wirklichkeit.

Die horizontale Fläche ist in Abbildung 2 durch zwei Grenzen beschränkt. Die linke weist auf den eher biologisch/körperlichen Anteil und die rechte auf den eher psychologisch/umweltbedingten Anteil der Ursachen für Störungen hin.

Die Ziffern in der Abbildung 2 sollen deutlich machen, in welcher Reihenfolge bei einer biblisch-therapeutischen, d. h. ganzheitlichen, Diagnostik vorgegangen werden kann.

Was tun wir, wenn z. B. ein Mensch mit Depressionserscheinungen um Hilfe in der Seelsorge bittet? Nicht selten gibt es Seelsorger, die um die Therapie in einem solchen Falle schon wissen, ohne daß sie den Ratsuchenden überhaupt angeschaut haben. Wenn er von der Traurigkeit, den Selbstvorwürfen, der Mutlosigkeit, der Schwermut berichtet, dann ist oftmals die Diagnose: »Okkulte Belastung« oder »verborgene Schuld«. Immer wieder wird auch der klare geistliche Hintergrund des Ratsuchenden bezweifelt oder ein mangelndes Gebets- und Glaubensleben unterstellt. Natürlich können dies mögliche Ursachen für Depressionen sein – aber sie müssen es nicht.

Welcher Weg ist aber der dann biblisch-therapeutische?

Wir beginnen mit der Diagnostik, entsprechend den Ziffern in Abbildung 2, und sehen zuerst die innerweltlich-biologische Ebene des ratsuchenden Menschen an.

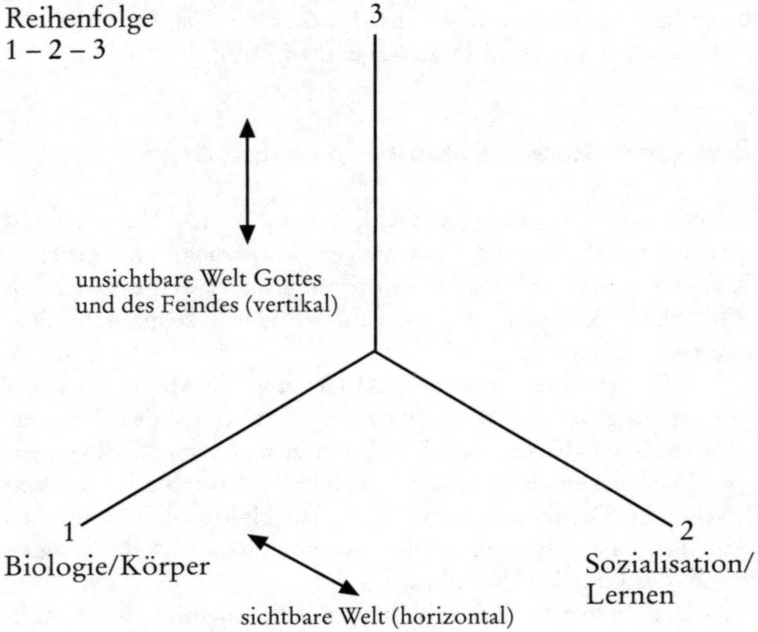

Abbildung 2 Diagnostik in der Biblisch-therapeutischen Seelsorge

Ebene 1

So wie der barmherzige Samaritaner zu dem Halbtoten auf die andere Seite des Weges ging und ihn ansah, geht der Weg auch in der seelsorgerlichen Diagnostik: Wir wollen zuerst genau hinschauen und nicht sofort »vergeistlichen«. Dann sehen wir einen Menschen, der traurig ist oder morgens kaum aus dem Bett herauskommt. Vielleicht hat er aber auch Magenschmerzen oder Brustbeklemmungen, Schluckbeschwerden oder einen Ausschlag. Es kann sein, daß er schildert, immer wieder in regelmäßigen Abständen seelisch ganz »high« und bald danach wieder ganz unten zu sein. Manchmal erzählen die Ratsuchenden auch für den Seelsorger ganz unverständliche oder gar blasphemische Dinge. Sie meinen, Napoleon oder der Sohn Gottes zu sein, haben den Auftrag, die Welt durch eine neue Erfindung zu verändern, oder sie haben eine ganz besondere prophetische Schau. Bis hierher waren das die Beschreibungen einer ganzen Reihe von seelischen Krankheiten, die der Mediziner dem Formenkreis der Schizophrenie zurechnet. Die Krankheit Schizophrenie kann ihre Ursache im biologischen Muster des Menschen haben, sie ist in Grenzen sogar vererblich. Für den Christen, der unter einer Schizophrenie leidet, kann es – weil er eben in der biblischen Terminologie lebt – bedeuten, daß er in seiner Krankheit auch biblische Begriffe verwendet. Wenn er dann als Christ Bibelworte falsch gebraucht oder sich gar selbst als »Christus« sieht, muß das nicht bedeuten, daß er besessen oder okkult belastet ist – dies kann die Folge seiner seelischen Krankheit sein. Wir dürfen nicht vorschnell diagnostizieren, das möchte ich nochmals wiederholen. Ein seelisch kranker, z. B. depressiver Christ, dem zu seiner Krankheit hinzu auch noch die falsche seelsorgerliche Begründung seines Zustandes diagnostiziert wird, leidet noch mehr als der Nichtchrist. Er fühlt sich zusätzlich zur seelischen Krankheit schuldig, verachtet und verlassen.

Die Diagnose einer seelischen Krankheit und ihrer möglichen Hintergründe wird in der Regel vom Arzt gestellt, aber auch ausgebildete Seelsorger können nach meiner Erfahrung, anhand von deutlich ausgeprägten Erscheinungsformen des jeweiligen Krankheitsbildes, eine hohe diagnostische Kompetenz erwerben. Natürlich wird auch ein Arzt hin und wieder falsch diagnostizieren und vor allem wird er, wenn er nur den innerweltlichen Aspekt einer Krankheit sieht, immer dann, wenn diese ihre Hintergründe im Bereich der unsichtbaren Wirklichkeit hat, mit einer unangemessenen Therapie beginnen. Wir werden weiter unten noch genauer darauf eingehen. Bis hierher ist es wichtig zu wissen, daß der mögliche biologische Aspekt, auch einer seelischen Krankheit, gründlich untersucht werden muß. Für die Praxis bedeutet dies in den meisten Fällen, daß der Seelsorger einen seelisch kranken Ratsuchenden, ehe er weiteres unternimmt, vorab zu einem Facharzt schickt.

Ebene 2

Gerade bei seelisch kranken Menschen wird der Arzt aber häufig feststellen müssen, daß keine oder nur unzureichende körperliche Ursachen für die Krankheit aufzufinden sind. Und er wird dann zumeist raten, einen Psychotherapeuten aufzusuchen.

Die Aufgabe des Psychotherapeuten ist am anderen Ende der »innerweltlichen Fläche« in unserer Abbildung 2 mit der Ziffer 2 angesiedelt. Seine Diagnostik ist psychologisch, pädagogisch und soziologisch orientiert, sie hat sehr viel mit den Lebensumständen des ratsuchenden Menschen zu tun. Und auch diese Art der Diagnostik sollte meines Erachtens noch vor der Hinterfragung der Hintergründe aus dem Bereich der unsichtbaren Wirklichkeit in der Ebene 3 erfolgen.

Jetzt ist es wichtig, das Lebensumfeld des Menschen zu beschreiben, das »System«, in dem er lebt. Ehe, Familie, Schule und Arbeitsplatz, aber auch die Gemeinde, Gemeinschaft und Jugendkreis bilden ein System der Zusammenhänge, das womöglich der Hintergrund für seelische Krankheiten sein kann. Zu erfragen wäre dabei zum Beispiel: Wer bedrückt wen? Wer nimmt was weg? Wer bedrückt mich durch seine Machtfülle? Wer quält mich laufend? Wer sagt mir immer Worte, die ich nicht mehr hören kann? Danach sollte man vom größeren System ins einzelne gehen. Hierbei ist es besonders wichtig, die Art und Weise, den »Stil« der Erziehung des Ratsuchenden zu erfragen.

Nach meiner Schätzung ist mehr als die Hälfte aller seelischen Krankheiten durch eine fehlgeleitete Erziehung zu erklären. Gerade in Kreisen von überzeugten Christen ist ein bestimmtes Schema häufig vorzufinden: Die Erziehung zur Hilflosigkeit und zur »von-außen-her-kommenden-Kontrollüberzeugung«. In einem der folgenden Kapitel wird dieses Erziehungsmuster gründlich behandelt und untersucht, was dagegen unternommen werden kann. Wichtig für unsere augenblicklichen Überlegungen ist jedoch, daß es sich auch hier nicht um eine transzendente oder okkulte Dimension als Begründung für die seelische Krankheit handelt – sie ist durch eine entsprechende Erziehung oder Lebensführung erklärbar.

Bei unseren Untersuchungen im Rahmen der Biblisch-therapeutischen Seelsorge konnten wir feststellen, daß bei über 90% aller ratsuchenden Christen die Hintergründe ihres Leidens durch die innerweltlichen medizinischen und psychologischen Ebenen 1 und 2 erklärt werden konnten. Natürlich wurde die Seelsorge ganzheitlich, d. h. den geistlichen Aspekt einbeziehend durchgeführt, aber die Ursachen waren innerweltlich erklärbar. Dieses Ergebnis bedeutet nun überhaupt nicht, daß ich als Seelsorger neben der sichtbaren nicht auch die unsichtbare Welt Gottes sehen würde. Aber die ratsuchenden Christen kommen in aller Regel nicht, weil sie Not mit theologischen Fragen, wie z. B. der »Auferstehung« oder der »Allversöhnung« haben, nicht einmal weil ihnen die biblische Schöpfungslehre Probleme bereitet, sondern sie klagen, daß sie mit dem Ehemann nicht mehr zurechtkommen, daß der tägliche Streß sie überrollt, daß die Kinder »ganz unmöglich sind«, daß Schwermutsgedanken auftauchen oder daß sie innerlich ganz leer seien, trotz des Glaubens. Sicherlich gibt es auch sehr viel Seelsorge, insbesondere für Menschen, die ferne von Gott stehen, denen primär das Heil in Christus angeboten werden muß. Bei Christen haben wir aber überwiegend ganz praktische Probleme zu besprechen und wir nehmen diese Ratsuchenden nicht ernst, wenn wir ihre Fragen vergeistlichen.

Fassen wir nochmals zusammen, was zu den Ebenen 1 und 2 unseres Modells zu sagen ist: Ehe auf »geistliche Hintergründe« abgehoben wird, sollte vorab eine innerweltliche Diagnostik ansetzen. Wir müssen deshalb bei seelischen Störungen prüfen, ob biologische Ursachen vorhanden sind, z. B. eine Geisteskrankheit vorliegt. Denn ebenso wie wir eindeutige körperliche Krankheiten wie Grippe oder Masern haben können, gibt es auch Krankheiten im Gehirn des Menschen. Daneben ist auch zu sehen, daß es ein krankmachendes Umfeld bzw. eine entsprechende Erziehung sein können, die maßgeblich für die seelischen Krankheiten verantwortlich zu machen sind.

Ebene 3

Obwohl die Diagnostik auf der medizinischen und psychologischen Ebene gründlich durchgeführt wurde, gibt es eine bestimmte Zahl von Ratsuchenden, für die keine Hintergründe ihres sie quälenden Zustandes gefunden werden können. Jetzt ist der Zeitpunkt gekommen, nach der unsichtbaren Wirklichkeit Gottes zu suchen.

Bei einer Diagnose im Bereich der unsichtbaren Wirklichkeit (in unserem Modell der Abbildung 2 horizontal dargestellt) geht es um die Frage, ob das Leiden oder die Krankheit im Zusammenhang mit Gottes unerklärbarer Führung oder auch durch Anfechtungen der Finsternismächte zu sehen ist. Hier ist auch die Frage angezeigt, ob das Leiden im Zusammenhang mit Okkultismus zu sehen ist. Ich bin der festen Überzeugung, daß es sein kann (aber nicht muß), daß auch Depressionen auf einem solchen Hintergrund entstehen können. Bei der Ergründung des Hintergrundes müßte man jetzt fragen, ob beispielsweise die Depression (oder auch eine beliebige andere Krankheit) im Zusammenhang mit Sünde und Schuld, der Trennung von Gott steht. Daß dies der Fall sein kann, sehen wir bei David, wenn er sagt »Als ich es wollte verschweigen, verschmachteten meine Gebeine« (Psalm 32,3).

Neben der Schuldfrage, die Ursache für allerlei Arten der Krankheit sein kann, müssen wir aber vor dem Hintergrund der unsichtbaren Wirklichkeit Gottes noch einen anderen Blickwinkel wahrnehmen. Dabei kommen wir schnell an die Grenzen der Erkenntnis und auch des Verstehens, denn es zeigt sich, daß unser Herr seinen Kindern manchmal eine Art und Weise der Führung, eine göttliche Pädagogik, zumutet, die diese nicht verstehen können. Es ist nicht nur Schuld, die uns in die Krankheit hineinführen kann. Von der unsichtbaren Wirklichkeit Gottes ausgehend, kann der Vater im Himmel noch viel Tieferes und Unerklärlicheres beabsichtigen. Denken wir z. B. an den Menschen in Johannes 9,3, der blind geboren wurde. Die Zuschauer stellen die »Warum-Frage«. Warum war dieser Mann krank, blind von Jugend an? Warum hat Jesus Christus ihn überhaupt gesund gemacht? Wer hatte die Schuld an seiner Blindheit? Waren es die Eltern? Denn blind geboren zu sein bedeutete, daß die Eltern womöglich eine Geschlechtskrankheit hatten, die auf das Kind übertragen wurde. So gesehen war die Frage der Leute, wer an der Krankheit schuld sei, durchaus berechtigt. Und nun kommt eine Antwort, die uns aus unserer Kausalität der innerweltlichen Logik herausreißt und in den Bereich der unsichtbaren Wirklichkeit Gottes hineinführt. In eine Dimension, die mit wissenschaftlichen Gesetzmäßigkeiten nicht erklärt und so auch nicht verstanden werden kann. Im Bibeltext steht als Begründung ganz einfach: »...es sollen die Werke Gottes offenbart werden«. Dies ist tatsächlich eine eigentümliche Logik zum Hintergrund einer Krankheit. Es ist demnach möglich, daß ein Mensch deshalb krank ist und gesund wird, weil die Werke Gottes an ihm geoffenbart werden sollen.

Mit innerweltlicher Logik ist ein solcher Zusammenhang nicht verständlich zu machen – aber einen derartigen Hintergrund zu diagnostizieren, ist eine der Aufgaben des biblisch-therapeutischen Seelsorgers. Hier helfen Rückschlüsse auf genetische Fehler oder Erziehungssysteme, also die Hintergründe der Ebenen 1 und 2 unseres Modells, nicht weiter. In ähnlicher Weise wird dieser Zusammenhang auch bei Paulus deutlich. Denken wir an 2. Korinther 12,7, wo er von seinem »Pfahl im Fleisch«, »nämlich des Satans Engel, der mich mit Fäusten schlagen soll« berichtet. Auch hier zeigt sich ein Hintergrund der unsichtbaren Wirklichkeit. Man weiß nicht genau, welcher Art die Schmerzen, dieser »Pfahl im Fleisch« bei Paulus waren. Er gibt hierzu keine weiteren Erläuterungen, und dies ist gut so, denn wir können deshalb unseren »Pfahl«, unsere Schwachheit, unser Gebrechen, das Leiden, dessen Hintergründe wir weder durch biologische noch psychologische Fakten erklären können, einsetzen. Wie Paulus werden wir auch oftmals fragen, warum Gott den »Pfahl im Fleisch« denn nicht wegnimmt – und wir können im 2. Korintherbrief als Antwort nachlesen, daß unser Herr uns zeigen will, wie er gerade in und durch unsere Schwachheit mächtig ist.

Dies sind Dimensionen der ganzen Wirklichkeit Gottes, die wir als Christen sehen müssen, und deshalb gehören sie auch zur

Diagnostik einer biblisch-therapeutischen Seelsorge untrennbar hinzu.

Wir werden dann uns selbst und die Ratsuchenden fragen: »Will Gott mir etwas zeigen, das mir sonst nicht verständlich würde?« oder auch »Muß er mich so führen, weil ich ansonsten nicht auf ihn gehört hätte?« Immer wieder muß ich in der Therapie und Seelsorge den Ratsuchenden deshalb sagen, daß ihre Depressionen vielleicht auch Chancen für einen Neuanfang sind.

Fassen wir den *diagnostischen* Weg in der biblisch-therapeutischen Seelsorge nochmals zusammen: Zuerst wollen wir den Menschen unter medizinisch-biologischem Blickwinkel beobachten, dann die Erziehungs- und Familienhintergründe, »das System«, ansehen, um daran anschließend nach Hintergründen aus dem Bereich der unsichtbaren Wirklichkeit zu suchen. Ich empfehle, eine ganzheitliche seelsorgerliche Diagnostik immer in dieser Reihenfolge durchzuführen und den Weg nicht umzudrehen. Wir haben aus einer gewissen Tradition heraus die Tendenz, »geistlich«, d. h. mit der unsichtbaren Wirklichkeit, zu beginnen. Dieser Weg versperrt aber leicht den Blick für die natürliche Umgebung. Sie ist auch nicht »geistlicher«, denn das biblische »Machet euch die Erde untertan« führt uns natürlicherweise vom Sichtbaren zum Unsichtbaren.

Vorab eine genaue Diagnostik und danach eine konsequente Therapie – diesen Weg sollten wir auch in der Seelsorge einschlagen.

Innere Heilung

Durch eine Reihe von Veröffentlichungen ist die sog. »innere Heilung« zu einem zentralen Thema für viele Seelsorger und ratsuchende Christen geworden. Handelt es sich dabei um einen ganz neuen biblischen oder therapeutischen Ansatz? Ich glaube kaum, daß wesentlich neue Erkenntnisse weder vor biblischem noch vor therapeutischem Hintergrund zu erwarten sind. Die wesentlichen Zusammenhänge um Heil und Heilung sind bekannt. Im vorangegangenen Kapitel habe ich ja hierzu auch einige Zusammenhänge beschrieben.

Handelt es sich dann bei der »inneren Heilung« womöglich nur um eine moderne Wortschöpfung für einen altbekannten Sachverhalt? Dies gilt es nachfolgend vor dem Hintergrund der Erkenntnisse aus den vorangegangenen Kapiteln zu überprüfen.

In manchen christlichen Kreisen wird »innere Heilung« als Kontrapunkt zur »äußeren«, d. h. zur weltlichen Heilung gesehen; gemeint ist aber immer die Heilung von krankhaften seelischen oder körperlichen Zuständen (z. B. von Depressionen im Umfeld frühkindlicher »Verwundungen«).

Problematisch wird dieses Vorgehen, wenn keine gründliche Diagnostik erfolgt ist, wenn man hinter jeder Krankheit seelischer Art, die nicht sofort erfolgreich behandelt werden kann, eine transzendente Dimension sieht – und nach »innerer Heilung« ruft. Vor dem Hintergrund unseres Schemas in Abbildung 2 zur Diagnostik haben wir ja deutlich gezeigt, wie verschiedenartig die Hintergründe seelischer Krankheiten sein können – und daß eine qualifizierte Diagnostik den innerweltlichen und transzendenten Aspekt gleichermaßen zu beachten hat.

Die mangelhafte Diagnostik ist aber nur ein äußerer Schwachpunkt. Sie kann bei jeder Art der Seelsorge, also nicht nur bei der »inneren Heilung«, zu falschen Konsequenzen führen. Wichtiger ist m.E., daß deutlich gemacht wird, was mit »innerer Heilung« gemeint ist. Hierzu eignet sich die weiter oben beschriebene Unterscheidung zwischen Heil und Heilung ausgezeichnet. Mit unserem Modell ist es leicht möglich, zwischen »innerer« und »äußerer« Heilung zu unterscheiden. »Äußere Heilung« ist dabei der therapeutische Aspekt im Sinne des biologisch-seelischen Gesundwerdens und »Innere Heilung« der Prozeß, den das Neue Testament als »heil werden« im Sinne von »soteria« beschreibt und der in seiner Konsequenz zur »Wiedergeburt« im Sinne von Johannes 3,5 führt.

Innere Heilung erlebt zu haben bedeutet so gesehen, daß der Weg zu Gott wieder frei, daß der Schuldbrief zerrissen ist, d. h., die Heilung des bisherigen Trennungszustandes von Gott ist im eigentlichen Sinne eine »innere Heilung«. Jeder Mensch, der dieses

Heilungsangebot in Anspruch nehmen will, kann es erfahren. Gott gewährt ihm einen Rechtsanspruch darauf. Ich sehe jedoch keine neutestamentliche Verheißung, eine körperliche oder seelische Heilung mit derselben Verbindlichkeit von Gott einzufordern.

Eine derartige Sichtweise hat konsequenterweise zur Folge, daß innerweltliche Methoden zur Heilung körperlicher und seelischer Gebrechen (sofern diese nicht, wie weiter oben beschrieben, auf geistlichem Hintergrund entstanden sind) wissenschaftlich, d. h. im Sinne des »Machet euch die Erde untertan«, voranzutreiben sind. Es ist deshalb auch unerlässlich, daß z. B. psychotherapeutische Kenntnisse in die ganzheitliche Seelsorge mit seelisch kranken Christen einzubeziehen sind.

Problematisch wird Seelsorge nach meiner Erfahrung immer dann, wenn Christen mit einem anderen Verständnis von »innerer Heilung« sagen: »Wenn du nicht gesund wirst, müssen wir beten, so lange beten, bis unbewußte seelische Verwundungen aus deinem Leben erkennbar sind, die dann vor Christus gebracht werden können«. Ich denke, es ist nicht Aufgabe des Gebetes, eine teilweise sehr langwierige und anspruchsvolle Psychotherapie zu ersetzen. Wenn eine Psychoanalyse erforderlich ist, beispielsweise um verdrängte traumatische Kindheitserlebnisse zu erkennen und zu bearbeiten, gehört dies in den Aufgabenbereich des Analytikers. Er hat viele Jahre gelernt, mit seinen Patienten Verdrängungen zu bearbeiten, und wenn er ein qualifizierter Fachmann ist, wird er deutlich erkennen, wo seine Grenzen liegen, z. B. daß man Schuld nicht aufarbeiten kann, sondern daß sie von Gott vergeben werden muß.

Gebet kann kein Ersatz für psychotherapeutische Arbeit sein, es hat eine ganz andere und einzigartige Funktion.

Wer vor einem solchen Hintergrund weiterhin von »innerer Heilung« spricht und damit meint, daß durch Gebet oder Salbungen mit Öl verdrängte Kindheitserinnerungen aufzuspüren seien, der führt – obschon er womöglich die Psychoanalyse vordergründig gar nicht akzeptiert – diese durch die Hintertür (und in unangemessener Art und Weise) wieder ein.

Die Bibel zeigt einen ganz spezifischen Weg: Viele Christen stehen unter dem Eindruck, daß sie in ihrem Leben nach unerkannter Schuld oder unerkannten seelischen Wunden suchen müßten, weil sie beispielsweise traurig oder gar schwermütig sind, ein gering ausgeprägtes Selbstwertgefühl haben oder sich von anderen Menschen bedrängt fühlen. Hier mahnt Paulus, nicht mehr nach hinten zu schauen, sondern umzukehren (Philipper 3,14). Damit soll die Vergangenheit nicht negiert oder verdrängt werden. Es ist jedoch zum einen eine biblische Form der Therapie, Gott um Vergebung – auch der unerkannten Fehler – zu bitten, so wie dies David getan hat (vgl. Psalm 19). Und zum anderen ist es biblisch legitim, daß der Christ von den »unerkannten Verwundungen« aus der Kindheit Abschied nimmt, indem er sich nach vorne hin, in die Zukunft, orientiert. Die Wunden müssen nicht unbedingt bewußt gemacht werden. Wichtig ist zu wissen, daß sie bei Gott bekannt sind. Wer bewußt im Gebet auch den unbekannten Schuldigern vergibt, handelt biblisch. Er darf dann froh und unbelastet nach vorne gehen. Natürlich muß er dies wollen, denn es könnte nämlich durchaus möglich sein, daß bei einer Aufrechnung aller Vor- und Nachteile der Blick nach hinten zu einer besseren Bilanz führt. Nicht umsonst hat Jesus den kranken Menschen am Teich Bethesda gefragt: »Willst du gesund werden?«

Wenn ein Ratsuchender zu mir kommt und von möglichen Wunden aus der Kindheit spricht, versuchen wir gemeinsam, diese Wunden zu erkennen und zu beschreiben. Hilfreich ist es, wenn wir dann gemeinsam beten »und vergib uns unsere Schuld, wie auch wir vergeben unseren Schuldigern«. Die daran anschließende wichtige seelsorgerliche Aufgabe bedeutet zumeist, daran zu arbeiten, daß die ausgesprochene Vergebung nicht nur ein Lippenbekenntnis ist, sondern zur gelebten Wirklichkeit wird.

Nicht selten kommen auch Menschen, die *meinen*, seelische Wunden aus der Kindheit zu haben. Diese Meinung unterstütze ich in der Regel nicht in dem Sinne, daß wochen- oder gar monatelang nach frühen Kindheitserinnerungen geforscht wird. Eher empfehle ich im Sinne von Philipper 3,13f ein mutiges Nachvornegehen, verbunden mit folgendem Gebet: »Lieber Herr, ich meine, daß mich Menschen verwundet haben. Vielleicht waren es Eltern, Verwandte oder Geschwister. Ich weiß es nicht. Womöglich habe ich Schaden davongetragen. Ich möchte dir diesen Schaden, diese Wunden hinlegen, unter dein Kreuz. Und ich möchte den unbekannten Schuldigen vergeben. Hier und jetzt. Amen.«

Es ist ein großartiger Weg, diese Worte zu beten, denn nun besteht keine Notwendigkeit – und auch kein Recht mehr – weiterhin nach möglichen schädigenden Ursachen zu suchen.

Entscheidend ist bei dieser Art der Seelsorge aber, daß der Ratsuchende tatsächlich vergeben will. Und hier scheiden sich oftmals die Geister. Nicht wenige Menschen lieben die Faszination des Ungeklärten, des Vagen und des Unbestimmten. Man hat ja dann auch immer einen »archimedischen Punkt«, auf den hin das Leben fokussiert werden kann. Man kann die Schuld für Fehler und Schwächen, für all das, womit man im Augenblick nicht zurechtkommt, »auf die unbestimmte Vergangenheit« abwälzen – und ist damit frei von der Verantwortung für eigene Fehler.

Nochmals: Es ist entscheidend, ob Menschen wirklich vergeben und vergessen *wollen*.

Therapie in der Biblisch-therapeutischen Seelsorge

Für viele Seelsorger sind die bisherigen Gedanken viel zu wenig konkret; sie wollen schneller und praktischer zum Ziel kommen.

Wer jedoch keine saubere Diagnostik haben will, braucht sich nicht zu wundern, wenn die Ergebnisse seines seelsorgerlichen bzw. therapeutischen Handelns so wenig erfolgreich sind.

Auch »blinder Aktivismus«, und sei er noch so sehr theologisch verbrämt, kann ein vorheriges gründliches »Hinsehen« nicht ersetzen. Wenn beim Zuknöpfen eines Hemdes der erste Knopf nicht in der richtigen Reihe sitzt, hilft die allerbeste Zuknöpfqualität nichts – am Ende sitzt das Hemd schief.

Deshalb legen wir in der Biblisch-therapeutischen Seelsorge auch so großen Wert auf einen klaren diagnostischen Blick.

Aber Diagnose und Beschreibung der Krankheitsgeschichte alleine helfen dem Ratsuchenden in aller Regel nicht weiter, er braucht auch praktische Hilfeleistung. Dies ist dann der therapeutische Aspekt der Seelsorgearbeit.

Mit den Ergebnissen aus der vorangegangenen Diagnostik bestimmt sich das seelsorgerliche Handeln ganz konsequent. Wenn wir z. B. festgestellt haben, daß der ratsuchende Mensch unter seiner Sündenschuld oder okkulten Belastungen leidet, dann kann nicht mit Medikamenten und auch nicht mit Psychotherapie gearbeitet werden. In diesem Falle ist ein geistlicher Weg zu beschreiten und z. B. die Schuldvergebung zuzusprechen. Wenn die Diagnose aber anzeigt, daß der Ratsuchende manisch-depressiv ist, wäre dieses Vorgehen nicht der richtige Weg. Natürlich ist es richtig, wenn ich den Menschen trotzdem ganzheitlich, also auch den geistlichen Aspekt seiner Krankheit sehe, d. h. unter dem Blickwinkel der gefallenen Schöpfung und der Versöhnung durch Jesus auf Golgatha. Die Therapie jedoch muß deutliche medizinische Aspekte haben: Es gibt heute gute Medikamente, die für viele Formenkreise der Psychosen wirksam sind. Die geistliche Tröstung hat dabei einen begleitenden Charakter.

In der Abbildung 3 auf S. 34 wird dies nochmals recht deutlich gezeigt.

Wenn ein Mensch in der Sünde lebt, dann ist Ermahnung, Umkehr, Schuldbekenntnis und Sündenvergebung als notwendige Therapie angezeigt. Zu der nach oben gerichteten Achse in Abbildung 3 zusätzlich gehört das seelsorgerliche Gespräch mit denjenigen Menschen, die krank oder schwach sind, weil Gott mit ihnen oder durch sie etwas bewirken möchte. Hier geht es darum, daran zu arbeiten, daß der Ratsuchende Gottes weise Führung akzeptieren kann.

Wenn jedoch die vorangegangene Diagnose gezeigt hat, daß biologische Ursachen den Hintergrund des Leidens bilden, dann muß (in Abbildung 3 die Achse nach links) daran gearbeitet werden, die biologischen Defizite (sofern dies überhaupt möglich ist) zu ersetzen, beispielsweise die Ausfälle der Neurotransmitter zu substituieren. Diese Menschen müssen entsprechende Medikamente einnehmen, z. B. Antidepressiva bei endogenen Depressionen. Gespräche sind nur begleitend sinnvoll. Natürlich kann Gott ein

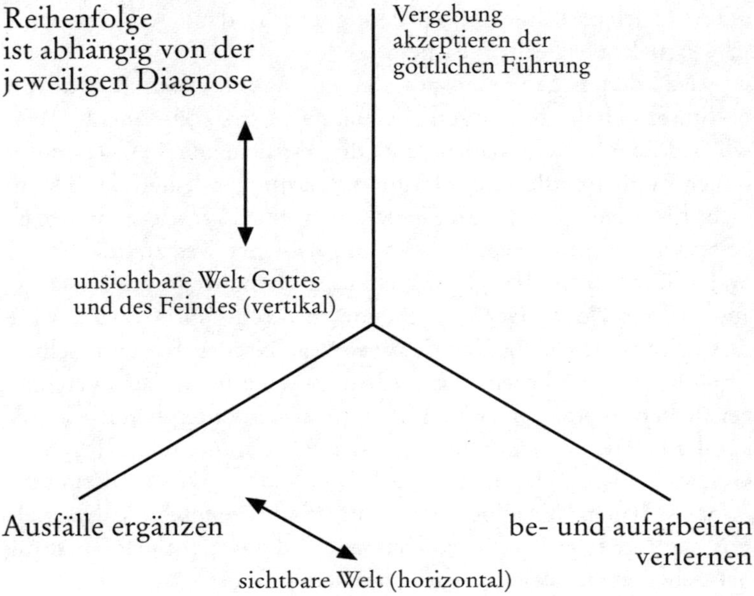

Abb. 3 Therapie in der Biblisch-therapeutischen Seelsorge

Wunder tun und in den biologischen Haushalt eingreifen. Die große Frage der leidenden Christen ist ja immer wieder, ob er dies nicht gerade bei ihnen tun könne. Gott auf Wunder zu verpflichten, ist jedoch nicht der biblische Weg und so ist es dann auch problematisch, beispielsweise Menschen mit Psychosen freizusprechen. Jedoch es ist auch ein Wunder, daß die moderne Forschung Medikamente entwickelt hat, die viele Psychosen, welche früher als unheilbar galten, zumindest lindern können. So wird es eine wichtige seelsorgerliche Aufgabe, den Ratsuchenden dazu zu bewegen, daß er seine Medikamente regelmäßig einnimmt.

Aber auch Medikamente sind nicht immer der richtige therapeutische Weg. Wenn wir bei der Diagnose festgestellt haben, daß beispielsweise bestimmte Erziehungsmuster als Hintergrund für seelische Krankheiten zu sehen sind, wären solche Heilmittel unangebracht. Jetzt müssen wir die rechte Achse unserer Abbildung 3 in

Betracht ziehen. Es geht bei diesem seelsorgerlich-therapeutischen Prozeß darum, daß der Ratsuchende sein bisheriges Handeln erkennt, daß er bewußt neue Wege geht, neues Verhalten erlernt, die Ursachen seiner bisherigen Fehlleistungen sieht, usw. Nicht selten wird er auch lernen müssen, ein Ja zu sich zu finden, seine Persönlichkeit anzunehmen, neben den Schwächen auch die Stärken zu sehen. Es kann dabei notwendig werden, daß das »System« mitverändert wird, daß Eltern neue Verhaltensweisen einüben oder daß die Beziehungen in der Gemeinde verändert werden usw. Nicht selten werden auch die Gedanken untersucht und verändert werden müssen, um beispielsweise depressiven Menschen zu helfen. Negative Gedanken haben Infektionspotential. Immer wieder neu stoßen sie sich selbst an und Menschen kommen dann in einen Teufelskreis des Grübelns hinein. Dagegen muß der Seelsorger angehen. Häufig wird es dabei notwendig, daß er dem Ratsuchenden klare Strukturen vorgibt, angefangen vom Arbeitsleben bis dahin, ein wenig mehr Ordnung in sein chaotisches Freizeitverhalten zu bringen.

Fassen wir zusammen:

Es gibt, entsprechend der jeweiligen Diagnose, ganz verschiedene Formen der Seelsorge. Neben den medizinischen Bemühungen kennen wir in der Biblisch-therapeutischen Seelsorge sechs verschiedene therapeutische Zugänge:

1. Wir *trösten*, wenn Trost hilfreich ist.
   Dies ist jedoch nicht immer der Fall. Manchmal kann das Trösten ganz bitter sein, insbesondere dann, wenn es ein »billiger Trost« ist, etwa nach dem Motto: »Es wird schon wieder besser werden, das haben wir alle auch mal so ähnlich durchgemacht ...«
2. Wir *ermahnen und weisen zurecht*, vor dem Hintergrund der Bibel und der innerweltlichen Erkenntnisse für einen gesunden Lebenswandel.
   Aber Ermahnungen sind nicht immer richtig in der Seelsorge. Einem depressiven Menschen zu sagen: »Bete mehr« oder »Freue dich doch« erreichen zumeist genau das Gegenteil dessen, was sie bezwecken wollten.

3. Wir führen zur *Buße*, wenn Vergebung notwendig ist.
Viele seelische Krankheiten haben aber nichts mit biblischer Buße zu tun. Sie ist dann vor allem erforderlich, wenn z. B. unvergebene Schuld im Leben eines Menschen steht.
4. Wir *lernen* neue Lebenswege, wenn unsere alten zu seelischen Störungen geführt haben.
D. h. wir gebrauchen Erkenntnisse aus der Psychologie zum Lernen und Verlernen als Hilfestellungen für ein gesünderes Zusammenleben.
5. Wir üben, *hilfreicher miteinander zu reden* und zu kommunizieren.
Die Erkenntnisse aus der Gesprächspsychotherapie haben deutlich gemacht, daß ein entsprechend geführtes Gespräch hilfreich und heilsam sein kann. Hilfreich ist, wenn der Seelsorger nicht ermahnt, sondern intensiv zuhört und dem Ratsuchenden die Chance gibt, sich selbst zu erkennen. Natürlich kann ein derartiges Gespräch nicht das Heil ersetzen aber beispielsweise zu der Erkenntnis führen, daß das Heil überhaupt notwendig ist.
6. Wir arbeiten *an der Vergangenheit und für die Zukunft.*
Z. B. wenn deutlich wird, daß das Lebenskonzept des Ratsuchenden ihn immer wieder in dieselben Fallen laufen läßt. Eine Lebensstilanalyse zeigt dieses Konzept auf und danach kann systematisch an möglichen Änderungen »gefeilt« werden. Auch die Sinnfrage und damit ein »Hinauslangen« aus der Egozentrik gehört zu diesem Bereich der Biblisch-therapeutischen Seelsorge.

Elemente aus der Verhaltenstherapie, der Gesprächspsychotherapie, der Individualpsychologie, der Psychoanalyse, der Logotherapie usw. können also hilfreich zu den bekannten Formen der Seelsorge wie Trost, Ermahnung und Beichte in diese ganzheitliche Aufgabe der Biblisch-therapeutischen Seelsorge aufgenommen werden. Wichtig ist dabei, daß man die richtige Form der Seelsorge zum richtigen Zeitpunkt einsetzt.

Solche Überlegungen machen natürlich Mühe, viel lieber wäre

den meisten Ratsuchenden eine »schnelle Heilung«. Ich habe dies jedoch bei seelischen Krankheiten sehr selten erfahren. Die meisten Christen, denen ich helfen durfte, haben Wochen, Monate, ja teilweise sogar Jahre gebraucht, um wieder gesund zu werden oder sich mit den verbleibenden Resten ihrer seelischen Krankheit zu arrangieren.

Gott tut Wunder, mit wem und wann er will. Wir dürfen und können dies nicht erzwingen. Aber solange er kein Wunder tut, sollten wir an der Gesundung arbeiten. In den allermeisten Fällen habe ich dabei entdecken dürfen, daß Krankheiten auch Chancen sein können. Chancen für eine Neubesinnung, für einen Neuanfang, für eine ganz neue Begegnung mit Jesus Christus, und nicht wenige Ratsuchende haben mir später gesagt, daß sie diese schweren Zeiten in ihrem Leben nie mehr missen wollten.

Die Macht der verirrten Gedanken

Wir haben ein brisantes Thema zu bearbeiten. Wenn die Machtfrage bedacht wird, muß man aufhorchen. Es geht hier jedoch nicht um einen militanten Angriff fremder Truppen, sondern um die Macht, die sich durch unser eigenes Denken für unsere Gefühle und unser Handeln ergibt.

So wie wir in den vorangegangenen Kapiteln zuerst versucht haben, die Begriffe zu klären, sollten wir dies auch hier vorab tun. Fragen wir uns hierzu einmal, wer oder was unser Verhalten bestimmt. Wer bestimmt, daß Sie jetzt gerade dieses Buch lesen? Wer bestimmt, daß Sie heute schon mit Ihrer Frau ein Streitgespräch geführt haben oder umgekehrt? Wer bestimmt, daß Sie heute Nachmittag ein Stück Schokoladentorte bekommen oder nicht? Wer bestimmt dies alles? Sie selbst – oder andere? Ist es mein Wille? Unsere Kinder haben schon in den ersten Tagen aus dem Kindergarten ein neues Wort mitgebracht, ein Wort, das ich früher nicht kannte. Sie sagten: »Der Fritz, das ist der Bestimmer«. Er hatte in der Gruppe das Wort, was er sagte, das wurde getan. Er war der Bestimmer. Bezogen auf unser Thema geht es um eine ganz ähnliche Frage, die dann lautet: Wer ist mein Bestimmer?

Es geht dabei nicht mehr um andere Menschen, sondern um mich selbst. Warum tue ich etwas? Was treibt mich an? Ist die Ursache meines Verhaltens wirklich nur ein biologisch orientierter Trieb oder Antrieb, wie wir das schon vor einem knappen Jahrhundert von der damaligen Psychologie gehört haben? Und wenn ja, ist dieser Antrieb wirklich so stark, daß er mein Leben gestaltet? Sigmund Freud hat zwei große Antriebe herausgearbeitet. Zuerst einen Liebes- und Lusttrieb, der zum Leben hinzieht und später, unter dem Eindruck des Ersten Weltkriegs, zusätzlich einen Trieb, der zum Tode hinzieht.

Zu fragen ist, ob mit diesen beiden Antrieben die ganze Dynamik des menschlichen Lebens erklärt werden kann. Die Antwort ist einfach: Lesen Sie z. B. jetzt gerade dieses Buch vor dem Hintergrund einer dieser beiden großen Antriebe? Wenn Sie nach Wegen suchen, um besser leben zu können, wäre die Antwort ein Ja. Aber vielleicht sind Sie einfach neugierig oder haben gerade nichts anderes zu tun und schlagen eher zufällig diese Zeilen auf. Gewiß, man kann auch dieses Verhalten auf eine Form des Lebenstriebes zurückführen. Hilfreicher ist es aber, hier zu »verfeinern« und dazu auch die modernen Kognitionsforscher in unsere Fragen mit hineinzunehmen. Mit deren Erkenntnissen reicht die Annahme einer biologisch orientierten Triebhaftigkeit zur Gestaltung unseres Lebens nicht aus. Nur von der Libido auszugehen und damit die Sexualität an die erste Stelle der menschlichen Antriebe zu setzen, ist zu einfach. Damit soll nicht gesagt sein, daß Sexualität unwichtig sei, sondern daß sie das Leben nicht in dem Maße bestimmt, wie wir das vielleicht bisher gemeint haben – vielleicht bei manchen Menschen, aber ganz allgemein bzw. statistisch gesehen ist es nicht so.

Wenn es nicht die Triebe alleine sind, wer bestimmt dann mein Verhalten? Diese Frage ist vor dem Hintergrund unserer bisherigen Überlegungen berechtigt. In der neueren psychologischen Forschung kennen wir zwei wichtige Hintergründe, die das menschliche Verhalten (zusätzlich zu den »Trieben«, die ja nicht negiert werden) erklärbar machen: Zum einen sein Denken und zum anderen sein Fühlen. Sofort wird jetzt die Frage auftauchen, ob das Denken dem Fühlen vorrangig ist – oder umgekehrt? Man hat in der modernen Gehirnforschung lokalisieren können, wo die einzelnen Teile im Gehirn zu finden sind, wo die Auslöser für Denken bzw. Fühlen sind, und kommt zu dem (etwas vereinfachten Schluß), daß die Gefühle gegenüber dem Denken vorrangig sind. Oder noch einfacher ausgedrückt: Gefühle sind stärker als Gedanken – sie beeinflussen sich gegenseitig.

Das wissen wir ja aus der ganz praktischen Lebenserfahrung. Wenn wir jemanden sehen, den wir gar nicht mögen, da gehen – obwohl wir das vielleicht gar nicht so wollen – manchmal die Gefühle mit uns durch. Und wie bekommen wir das wieder in den Griff? Indem wir darüber nachdenken. Wenn es nun aber sehr viele

Eindrücke sind, die Gefühle bei uns auslösen, dann können wir diese nicht einzeln gedanklich bewerten und damit »abarbeiten«. Die Gefühle gehen, bildlich gesprochen, an unserem Denken vorbei und stimulieren die Ausschüttung eines Streßhormons. Dieses Streßhormon führt dann entweder zur Aggression oder in die Depression.

Es geht demnach darum, die Gefühle »in den Griff zu bekommen«, um dadurch Aggressionen und manche Formen der Depressionen zu verhindern. Das »im Griff haben« ist es, was mit »Denken« gemeint ist. Man kann durch wissenschaftliche Untersuchungen nachweisen, daß es gut möglich ist, einen Gefühlsausdruck nach dem anderen abzuarbeiten. Wenn aber ein ganzer Chor der Gefühle schreit, werden wir mit dem gedanklichen Bewerten nicht mehr oder nur schwer fertig – hier liegt das Problem. Man kann daran arbeiten und beispielsweise in Zeiten der Ruhe üben, seine Gefühle präziser zu bedenken. Wenn sie dann in großer Anzahl kommen, wird man eher damit fertig werden.

Nun wird unsere Überschrift ganz praktisch, denn wir erkennen, daß man über seine Gefühle nachdenken muß, weil sie sonst eine ungesteuerte Macht über das Verhalten bekommen können. Man kann seine Gefühle nicht abschalten, sondern muß sie bewerten. Es ist spannend, daß sich genau dieser Prozeß auch in der Bibel so findet. Dort kommt es nicht zur Trennung zwischen Kopf und Seele, wie es in der griechischen Philosophie üblich war. In der Bibel wird Denken, Fühlen und Handeln immer als Einheit gesehen. Z.B. wenn wir in Römer 12,2 lesen: »Ändert euch durch Erneuerung eures Sinnes«. Ganz konkret bedeutet dies, daß die systematische Verhaltensänderung nicht dadurch entsteht, daß ich meine Gefühle nur zulasse und auslebe, wie wir das in manchen Formen der Psychotherapie erleben, sondern daß ich sie kognitiv bewerte. Durch diese Aussage sind die Gefühle nicht abgewertet. Selbstverständlich kann man nur daran arbeiten, wenn man sie vorab zugelassen hat. Es gibt leider viel zu viele Menschen, die über Jahrzehnte hinweg nicht über ihre Gefühle gesprochen, geschweige denn sie gezeigt haben. Sie sind auf diesem Gebiet wie abgestorben. Dies ist kein biblischer Weg.

Wir müssen lernen, mit den Gefühlen qualifiziert umzugehen. Die Veränderung, ich möchte therapeutisch sagen, der Gesundungsprozeß, kommt aber m.E. nicht dadurch zustande, daß ich plötzlich zu schreien beginne im Sinne einer »Schreitherapie« oder versuche, die Gefühle exzessiv auszuleben. Hierbei kann es zu furchtbaren Entgleisungen kommen, und die Erfahrungen aus der Psychoszene sprechen für sich. Man kann zwar dadurch seine Gefühle laut und deutlich zeigen, jedoch kommt die Veränderung – und damit der Gesundungsprozeß – primär nicht durch das Herauslassen der Gefühle zustande, sondern durch die Erneuerung des Denkens, d. h. durch das andersartige und neue Bewerten. Wir merken, dem anderen Denken kommt eine Schlüsselstellung zu.

Wenn wir unser Denken bewerten, im Sinne von Römer 12,2, können wir natürlich auch zu falschen Ergebnissen kommen, besonders dann, wenn die Bewertungskriterien nicht stimmen. Man kann das, was man erlebt hat, falsch zuordnen und damit auch seine Gefühle in eine ganz falsche Richtung bringen. Dabei erlebt man dann sehr deutlich, welche Macht verirrtes Denken haben kann.

Es kann z. B. sein, daß wir an einem Menschen vorbeigehen und dabei ein unbestimmtes negatives Gefühl haben. Wenn wir jetzt dieses auch negativ bewerten, z. B. sagen »der mag mich nicht, weil ich nicht attraktiv genug bin«, dann führt dieses irrige Denken womöglich zu einer fatalen Kettenreaktion mit einem schlimmen Ende. In der Psychotherapie und Seelsorge arbeiten wir daran, das »verirrte Denken zu rekonstruieren«.

Es wäre natürlich falsch, davon auszugehen, daß alle Fehlhaltungen des Menschen, jede Depression und jede Verstimmung von einem verirrten Denken herrühren. Aber in vielen Fällen ist die Macht der Gedanken stärker als wir gewöhnlich annehmen.

Wichtig wird es vor diesem Hintergrund, herauszubekommen, welche Gedankeninhalte richtig und welche verirrt sind. Hierzu braucht es ein Ehrlichsein, das gar nicht so einfach ist. Wir haben auf die Frage nach unseren Gedanken viele eingefahrene Parolen auf Lager, die nicht viel weiterführen.

Eine wichtige Hilfestellung zur Ehrlichkeit ist, auf Selbstgespräche zu achten. Überprüfen Sie also das, was Sie zu sich selbst sagen. Vielleicht hören Sie dann »mit dir wird es überhaupt nicht besser« oder »ja, wenn ich so reich (oder schön, oder groß oder intelligent) wäre, wie XY, dann ...«.

Um die gegenwärtige Art Ihres Denkens zu ermitteln, brauchen wir also Selbstgespräche. Wir finden Selbstgespräche auch häufig in der Bibel. Ob es Abraham war, der in seinem Herzen sprach: »Soll mir mit hundert Jahren ein Kind geboren werden?« (1. Mose 17,17), oder ob der Prediger sagt: »Ich sprach in meinem Herzen: Siehe, ich bin herrlich geworden, und mein Herz hat viel gelernt und erfahren« (Prediger 1,16), oder aber Jesus selbst, der zu den Schriftgelehrten über diese Art des Redens sagt: »Warum denkt ihr so Böses in euren Herzen?« (Matthäus 9,4).

Wir merken, den Sachverhalt, von dem wir reden, gibt es in der Bibel und bei uns selbst: Selbstgespräche.

Dennoch werden Sie im Augenblick des Lesens dieser Zeilen nicht spontan Ihre Selbstgespräche artikulieren können. Nehmen Sie sich deshalb jetzt eine Minute Zeit und denken Sie darüber nach: »Was sage ich zu mir selbst, wenn etwas schief geht?« Bitte dabei nicht das wiederholen, was Ihnen andere Leute vorsagen, sondern was wirklich aus Ihrem Inneren kommt.

Unsere Selbstgespräche, die »inneren Einreden«, sind deshalb so wichtig, weil sie zeigen, von welcher Ecke aus wir denken, in welche Fallen wir immer wieder einbrechen, ob unser Denken korrigiert werden muß, ob es verirrt oder verzerrt ist. Vor diesem Hintergrund laufen auch Therapievorschläge im weltlichen Bereich ab, z.B. bei der Methode des sogenannten »Positiven Denkens« o.ä. Es geht dabei darum, die negativen oder falschen und verirrten Denkansätze durch positive und richtige zu ersetzen. Diese Strategie ist natürlich nur dann hilfreich, wenn die neuen Gedanken wirklich auch richtig sind – und daran kann man bei manchen säkularen Therapeuten berechtigt zweifeln. Die Methode aber findet sich schon in der Bibel: »Verändert euch durch die Erneuerung eures Denkens« (nach Römer 12,2).

Selbstverständlich dürfen wir als Christen von der »Kraft des positiven Denkens« ausgehen. Wer erlöst ist, wer ein neues Leben mit Christus begonnen hat, der kann berechtigt positiv denken. Leider gehen aber unsere Gedanken sehr häufig nicht in diese Richtung. Wie oft sagen wir zu uns selbst: »Ich bin so schwach. Bei mir klappt überhaupt nichts«, oder »Niemand mag mich, ich bin der Häßlichste von allen«, oder »Aus mir wird nie etwas werden«. Man könnte Hunderte von solchen negativen inneren Gedanken sammeln. Wenn wir uns dieses Denken oft genug einreden, dann stabilisiert es sich in ganz fataler Weise im Sinne einer »sich-selbst-erfüllenden-Prophezeiung«. Wenn z. B. ein junger Mensch irgendwann einmal festgestellt hat, daß es mit einem kleinen Vortrag nicht so gut geklappt hat, kann er zu dem vorschnellen Schluß kommen: »Ich kann überhaupt nichts weitersagen«. Nun sucht er zukünftig alle Argumente, die er findet, um seine Annahme zu stützen. Jedesmal, wenn es kleinere Schwierigkeiten beim Reden gibt, bestätigt er im Sinne von »Ich habe es doch gleich gewußt, bei mir geht das Reden nicht«. Wenn ein Vater mit seinen Kindern nicht gut zurechtkommt, könnte er sich sagen: »Ich bin ein schlechter Vater« und jedesmal, wenn etwas bei der Erziehung daneben geht, wird das Selbstgespräch lauten »Ich bin ein schlechter Vater, ich tauge nichts, es mußte ja wieder falsch laufen« – eine unheilvolle Spirale entsteht und wenn wir nicht aufpassen, kommen wir aus dieser Spirale überhaupt nicht mehr heraus. An diesen Beispielen zeigt sich die Macht der verirrten Gedanken: Einmal begonnen, können sie zu einer Tragweite führen, die fast unglaublich ist. Ich will an einem Beispiel aus der praktischen Biblisch-therapeutischen Seelsorge zeigen, wohin die Macht der verirrten Gedanken führen kann:

Die 13jährige Ursula kommt, nachdem ihre Eltern umgezogen sind, in die neue Schulklasse. Mit kurzen Hosen sitzt sie auf der Schulbank und wird von der Nachbarin kritisch gemustert: »Du hast aber dicke Schenkel«. Ursula nimmt sich diese Aussage nicht so sehr zu Herzen, aber als die Bemerkung am folgenden Tag wiederholt wird, fragt sie ihre Mutter, ob dies denn wahr sei. Die Mutter erklärt, daß sie keinesfalls zu dick sei, sondern daß man beim Sitzen eben die Schenkel etwas breiter sieht, »aber wir könnten ja beide eine kleine Schlankheitskur machen, ein wenig abnehmen kann ja nicht schaden«. Zusammen sehen sie die Zeitschriften durch und überall gibt es Vorschläge zur Diät, zum Abnehmen usw. Systematisch werden die Blätter durchgearbeitet und die verschiedenen Möglichkeiten ausprobiert. Während die Mutter etwas abnimmt und ihr dies vielleicht sogar gut tut, entwickelt sich bei Ursula ein immer schärferer Blick für alles, was mit Diät, Körper, Kalorien, Essen usw. zusammenhängt. Die Schulkameradinnen bestärken die immer dünneren Schenkel und diese soziale Anerkennung tut wohl. Niemand merkt so richtig, wie sich nach einiger Zeit die Gedanken Ursulas nur noch um Essen und Abnehmen drehen. Zwar kocht sie für die Familie leckere Speisen, doch sie selbst ißt sie nicht.

Nach einiger Zeit bleibt ihre Periode aus, sie wird immer dünner, bald natürlich auch für die Eltern auffällig. Fragt man sie allerdings, ob sie unter dem ausgemergelten Zustand leide, so wehrt sie entschieden ab. Sie findet sich selbst attraktiv und verachtet die Fettpölsterchen der anderen Mädchen und Frauen. Im Gegenteil, durch intensiven Sport versucht sie, immer noch mehr abzunehmen. Nach einigen Monaten muß Ursula in die Klinik eingeliefert werden. Die Diagnose lautet »Pubertätsmagersucht«.

Sicherlich verläuft diese Krankheit nicht immer in eine solche Richtung, und die Ursachen können auch anders gelagert sein. Aber doch finden wir immer wieder Mädchen, die durch verirrtes Denken bezüglich der Körperkonstitution, ausgelöst durch den Satz einer Schulkameradin, in einen derartigen Teufelskreis hineingeraten.

Es kann ein kleiner Satz sein, der dieses verirrte Denken auslöst: »Du bist nicht gut im Reden«, »Du bist nicht gut in deinem Auftreten«, »Du bist nicht intelligent genug«. Eine einmal aufgeschnappte Aussage »Du bist ein kleiner Wicht«, »Du hast einen großen Kopf« oder ähnliches kann ein Leben lang festsitzen. Und nun wird dieser Satz selektiv verstärkt, das Denken wird unglaublich einseitig. Man sieht dann die Welt nur noch durch die Brille dieses Satzes. Andere, gegenteilige Aussagen werden überhaupt nicht mehr wahrgenommen. Man sieht nur noch das, was in den verirrten Denkrahmen hineinpaßt. Das Fatale an der Angelegenheit ist, daß dieses Denksystem dadurch immer stabiler wird, nach allen Richtungen hin gegen andere Argumente abgesichert. Immer zäher, immer fester, immer »wasserdichter« wird das verirrte Denken.

Was kann man dagegen tun?

Es gibt hilfreiche therapeutische Ansätze aus der kognitiven Therapie. Vorab muß jedoch wie schon weiter oben besprochen, (z. B. vor dem Hintergrund der Selbstgespräche) aufgedeckt werden, wie die Gedanken überhaupt lauten. Nicht immer können die Ratsuchenden entsprechende Selbstgespräche ausformulieren. Es könnte auch sein, daß man dann mehr in die Tiefe gehen muß. Wir versuchen das in der frühen Kindheit erworbene Lebensmotto herauszuarbeiten. Wenn jemand z. B. erzählt, daß er damals im Kindergarten häufig in der Ecke stand, in der Schule immer wieder ausgestoßen wurde, daß er im Sportunterricht vom Barren fiel, die Prüfungen nicht bestanden hat, nicht den richtigen Beruf auswählen konnte, keine Freundin findet usw., so läßt sich eine durch das ganze Leben hindurchgehende negative Kette nachweisen, die dem Lebensmotto folgt: »Mich mag niemand, weil ich nichts wert bin«. Auch im Glaubensbereich wird dies deutlich. Häufig sagen solche Menschen dann »Gott mag mich auch nicht, weil ich nichts wert bin«. Da kann der Pfarrer in der Kirche vom Wert der Kinder Gottes erzählen und kurzfristig Freude aufkeimen. Aber schon beim Hinausgehen aus der Kirche sagt der Betroffene wieder: »Ich bin der letzte Mensch«. Was tun wir in einem solchen Fall? Wir können natürlich draußen vor der Türe weiterreden und nochmals wiederholen, was eben in der Predigt gesagt wurde. Einen Augenblick lang bricht dann vielleicht Freude auf, aber sofort danach gibt es wieder genügend Argumente, die bestätigen: »Nein, ich bin doch nichts wert«.

Wir brauchen eine qualifiziertere Hilfestellung.

Hier kann die kognitive Therapie einsetzen. Im Bild gesprochen geht es darum, vorab einige Schritte mit dem Ratsuchenden in seine verirrte Denkrichtung zu gehen, nicht sofort gegen seine Argumente anzukämpfen. Wenn er sagt »Ich tauge nichts und bin nichts« könnte man sogleich entgegnen: »Doch, du bist wertvoll, Gott hat dich lieb« – so werden Sie aber in aller Regel nicht vorankommen, denn Sie fordern den Ratsuchenden heraus, sein

Denkschema, das er sich mühevoll und in sich logisch geschlossen zurechtgebaut hat, noch zu verteidigen und Ihnen mit »schlagenden Argumenten« zu beweisen, daß er seit eh und je ein Mensch war, der nichts getaugt hat. Vergessen wir nicht: dieser Mensch lebt in seiner Gedankenwelt, er hat sie festgemacht, abgesichert nach allen Richtungen. Mein Vorschlag: Gehen Sie mit ihm zwei Schritte. Sagen Sie dabei z. B. : »Ich merke, du kommst dir vor wie der letzte Mensch, du fühlst dich verlassen und schlecht und elend.« Gehen Sie dann noch einen Schritt weiter und sagen: »Es ist schwer, ein solches Leben zu führen«. Sie haben dabei keine Unwahrheit gesagt, denn es ist wirklich schwer für diesen Menschen, seinen Lebensweg in der bisherigen Art zu gehen; vielleicht kann er kaum mehr leben. Gehen Sie ihm deshalb entgegen.

Wir sagen hierzu in der Fachsprache: »Bestätige das persönliche Paradigma«. Sie sollen nicht sagen »Es ist wahr, daß du ein Mensch bist, der nichts taugt«, sondern mitteilen: »Ich merke, daß du unter diesem Gefühl des Unwertseins sehr leidest«. Wenn Sie also zwei oder drei Schritte mit dem Ratsuchenden in seine Denkrichtung gehen, sich sozusagen bei ihm einhängen und ihn wertschätzend begleiten, dann haben Sie ein »Loch« in das bisher wasserdichte Gefäß gebohrt. Es ist so klein, daß man noch nicht ins Innere des Gefäßes sehen kann – aber es ist eine erste Öffnung des Vertrauens da. Gehen Sie auf diese Art und Weise noch ein paar Schritte mit, und wenn das Vertrauen da ist, dann können Sie ganz langsam in die andere Richtung der korrigierten Gedanken gehen. Zwei Schritte zurück und drei Schritte voran, das sogenannte »Pilgerschrittverfahren«, bedeutet also zuerst einmal: Mitgehen, mitgehen, mitgehen und dann ganz zart in die andere Richtung zurücktreten.

Ich empfehle dieses Vorgehen nicht nur bei der Rekonstruktion des verirrten Denkens bezüglich einer persönlichen Fehlhaltung, sondern auch dann, wenn wir einen Menschen fremder Religion oder Weltanschauung vor uns haben, dem wir das Evangelium nahebringen wollen. Man kann m. E. mit einem Buddhisten nicht in der Weise ein Gespräch beginnen, daß man ihm sagt: »Jesus ist Sieger«. Dies wird ihn sofort zu einer Gegenreaktion herausfordern. Gerade weil die Bibel sagt, daß in keinem anderen Heil ist als allein in Jesus Christus, kommt es darauf an, dies dem Gegenüber nicht nur zu sagen, sondern ihn davon zu überzeugen. Wir können hierzu genau dieselbe Strategie anwenden, wie oben besprochen. Den Buddhisten also zuerst einmal zu verstehen suchen, seinen Denkhorizont akzeptieren und ihm beispielsweise bestätigen, daß der nördliche Buddhismus eine Fülle von diakonischen Einrichtungen entwickelt hat, daß man seinen Aussagen abspürt, daß Generationen von Leuten darüber nachgedacht haben, daß es wertvolle Einsichten sind usw. Der Mensch muß merken, daß er mit seiner Religion ganz ernstgenommen wird. Warum wir bei unseren Gesprächen mit Andersdenkenden immer wieder vor ernsthaften Schwierigkeiten stehen und sie deshalb von der eigenen Sache nur schwerlich überzeugen können, liegt nicht selten darin begründet, daß wir mit einem Frontalangriff starten und dabei die Menschen in ihren über Jahrzehnte hinweg entstandenen Denkstrukturen nicht genügend ernst nehmen. Wir können einen Menschen nicht im Kontra abholen, dabei erleben wir höchstens einen Pyrrhussieg, was bedeutet: die Schlacht gewonnen, aber den Krieg verloren zu haben. Unser Gegenüber wird, wenn wir ihn mit der eigenen Argumentationskette bedrängen, nicht selten resignieren und sich selbst sagen: »Du hast wohl recht, aber ich habe meine Ruhe« – und das Gespräch abbrechen. Deshalb also erleben wir häufig so wenig Erfolg, weil wir gegen die verirrten Gedanken mit unserer direktiven Art vorgehen. Für viele Leser ist dies sicherlich neu und sie werden von »mangelnder Transparenz«, von »mangelnder Ehrlichkeit« reden, vielleicht sogar von einer bestimmten Form der Schlitzohrigkeit, die das Evangelium nicht klar verkündigen will. Hier geht es aber um mehr, nämlich darum, am Ende Erfolg zu haben. Denken wir vor diesem Hintergrund darüber nach, was es heißt, klug zu sein wie die Schlange und ohne Falsch wie die Taube. Es geht darum, von der Schlange die Klugheit zu übernehmen. Wie wir es im ersten Buch Mose nachlesen können, war die Schlange klüger als alles andere Getier. Ihre Klugheit bestand darin, daß sie vorausdachte und deshalb ahnte, wie Adam und Eva reagieren würden, wenn sie die entsprechenden Worte anböte. Dieses antizipatorische, d. h. vorauseilende Denken im Sinne von »wie reagiert mein Gegenüber, wenn …« vermisse ich in vielen Glaubensgesprächen, und ich nehme es darum sehr ernst, wenn es in der Bibel heißt: Sei nicht gleich einer Schlange, sondern so klug wie sie.

Zusammengefaßt bedeutet dies nicht nur in der Seelsorge, sondern auch in jeder anderen Kommunikation: Zuerst mitgehen und danach erst dagegen angehen.

Zurück zu unserem »verirrten Denken«. Vielleicht sind Sie beim Lesen dieser Zeilen selbst verunsichert worden und nicht ganz darüber im klaren, ob Ihr eigenes Denken womöglich auch daneben liegen könnte. Hierzu ist es wichtig, daß wir unser Denken überprüfen. Weiter vorne haben wir hierzu die Kontrolle der Selbstgespräche als Möglichkeit gesehen. Wenn Sie hierbei Schwierigkeiten haben, gibt es einige Hilfestellungen:

1. Stellen Sie Ihren Wecker auf drei Zeiten ein, z. B. auf 9 Uhr, 13 Uhr und 19 Uhr. Jedesmal, wenn der Wecker läutet, schreiben Sie sofort auf einen Zettel, was Sie gerade denken. Sie müssen durch dieses Vorgehen Ihre verirrten Denkweisen überlisten. Also nicht dann aufschreiben, wenn Ihnen gerade etwas einfällt, sondern dann, wenn Sie womöglich wieder einmal in einem Kreisprozeß des Grübelns gelandet sind. Schreiben Sie dann sofort das derzeitige Denken auf, ohne dieses zu zensieren und zu bewerten. Das ist nicht einfach, aber sagen Sie jetzt bitte nicht gut oder schlecht, sondern schreiben Sie es einfach auf.
2. Führen Sie zusätzlich ein Tagebuch, in das Sie alle Zeiten eintragen, in denen Sie sich unbehaglich oder traurig fühlen, oder auch in denen Sie sich im Streß befinden. Fragen Sie sich beim Aufschreiben: Was habe ich zu mir selbst gesagt, als dieses Streßgefühl kam?
3. Wenn Sie vor einem Ereignis stehen, das auf Sie zukommt und vor dem Sie Furcht haben, z. B. ein unangenehmer Besuch, ein schwieriges Gespräch, ein Spaziergang, ein Gottesdienstbesuch usw., dann beschreiben Sie das Sie beängstigende Ereignis so genau wie möglich, und überlegen Sie während des

Schreibens: »Was sage ich jetzt dazu?« Wenn das, was Sie sagen, negativ ist, dann führen Sie jetzt gleich ein inneres Zwiegespräch. Überlegen Sie, wie die Argumente ausformuliert sein müssen, damit Sie in diesem Gespräch Erfolg haben werden. Niemand kann Sie hindern, positiv zu denken! Ich frage nur, ob Sie dies überhaupt wollen, denn manche Menschen haben Genuß an ihren melancholisch-negativen Denkstrukturen. Sie machen ihnen viel mehr Freude, als positiv zu denken. Dies ist eine Form von Selbstbefriedigung durch bewußtes Leiden-wollen. Wir müssen deshalb in der Seelsorge auch deutlich prüfen, ob die Ratsuchenden überhaupt positiv denken wollen.

4. Wenn das innere Zwiegespräch nicht zum gewünschten Erfolg führt, empfehle ich, positives Denken zusammen mit Entspannungsübungen zu probieren. Hierzu legen Sie sich auf das Sofa und hören eine Entspannungskassette mit sehr langsamer Choralmusik (zu beziehen bei TONART, Gartenstr. 35, W-7769 Nenzingen) an. Die Entspannung durch Musik kennen wir ja schon aus der Bibel, z. B. von David, der vor Saul spielte und dessen Schwermutsgeist dann wich. Nach einigen Minuten des ruhigen Atmens denken Sie in Ruhe über das bevorstehende schwierige Gespräch nach. Formulieren Sie aus, was Sie zu Ihrem Chef sagen werden.
Bestimmt denken Sie: »Er wird mich fertigmachen«. Aber überlegen Sie jetzt in aller Ruhe und Entspannung, was er wirklich sagen wird und wie Ihre Antwort hierzu lauten könnte. Sie müssen natürlich den Wunsch haben, das Gespräch für Sie erfolgreich abzuschließen.
Vielleicht werden Sie beim Lesen dieser Zeilen sagen: »Das schaffe ich nie«. Doch, zumindest auf dem Sofa und in Gedanken. Niemand kann Sie hindern, in Gedanken den Chef zu besiegen. Die Gedanken sind frei – nur wollen viele Menschen gar nicht in dieser freien Weise denken. Vielleicht haben Sie dies im Laufe der Jahre auch einfach verlernt. Nun gilt es ganz neu zu beginnen. Oftmals ist es eine innere Sperre, die gar nicht zuläßt, in andere als die gewohnten Richtungen zu

denken. Ich mache Mut, denken Sie einfach, während Sie entspannt auf dem Sofa liegen: »Das Gespräch geht gut aus«. Spielen Sie es positiv durch und sagen Sie zu sich selbst: »Ich werde bei dieser Unterredung der Gewinner sein«. Versuchen Sie einige verschiedene Versionen des Gespräches durchzudenken. Wichtig ist, daß Sie dabei jedesmal der Gewinner sind. Und bedenken Sie dabei, daß dies nicht unbiblisch ist. Wir haben oftmals eine falsche Demutshaltung. Niemand hat das Recht, Sie laufend zu unterdrücken. Wir können mit unserem Herrn über eine Mauer springen. Was uns dabei hindert, ist oft nur der Genuß am Negativen, eine starke Emotion, und wir müssen überlegen, ob wir davon überhaupt ablassen wollen.

Es gibt sogar im Sport eine Art des mentalen Trainings. Wenn z. B. ein Tennisspieler seinen Arm gebrochen hat und der Topstar einige Monate ausfallen muß, dann ist es sehr wertvoll, so haben die Sportmediziner zeigen können, wenn er sich in dieser Zeit mental, d. h. im Kopf, vorstellt, wie er seine Schläge aufnimmt und zurückgibt, sozusagen im Kopf trainiert. Durch dieses mentale Training kann er ca. 25% seines körperlichen Trainings ersetzen.

In ähnlicher Form können wir mental schwierige Situationen vorbereiten – und dadurch viele unnötige Kraftaufwendungen ersparen.

5. Ich möchte nachfolgend einige der »kognitiven Fallen« beschreiben, denen wir immer wieder auf den Leim gehen, die wir in den Seelsorgegesprächen häufig von solchen Menschen hören, die unter der Macht der verirrten Gedanken leiden.

– Es könnte sein, daß ein »alles-oder-nichts-Denken« das Leben bestimmt: Schwarz oder weiß, vollkommen gesund oder vollkommen krank, ganz groß oder ganz klein, arm oder reich, gefühlsmäßig ganz unten oder ganz oben. Dies sind häufig die Konsequenzen eines verirrten Denkens. Wir müssen bei Menschen mit verirrtem Denken also damit rechnen, daß sie häufig »entweder-oder«, bzw. »alles-oder-nichts« sagen. Eine derartige kognitive Falle könnte sein, daß die Rat-

suchenden übertrieben verallgemeinern, sie sagen z. B. »immer verhält er sich bei mir so«, oder »nie kommt er auf mich zu«.
– Eine weitere kognitive Falle kann die selektive Wahrnehmung sein. Wenn z. B. ein Gemeindemitglied zu seinem Pfarrer nach dem Gottesdienst sagt, die Predigt hätte ihm sehr geholfen, aber die Beispiele seien doch etwas weltfremd gewesen, dann kann es für den Pfarrer eine kognitive Falle sein, wenn er nur selektiv wahrnimmt, daß die Beispiele nicht hilfreich waren – den anderen Teil der Aussage jedoch überhört. Ich kenne Pastoren, Prediger und Pfarrer, die genau dieses Phänomen gezeigt haben. Ein einziger Satz hat sie in ihrer ganzen Persönlichkeit gestört, sie konnten wochenlang nicht mehr frei predigen. Wenn man von einem Detail auf das Ganze schließt, kann dies gefährlich werden. Wenn z. B. jemand sagt: »Heute haben Sie aber ein eigenartiges Kleid angezogen«, kann diese Aussage für viele Frauen wie ein Keulenschlag wirken. Sie laufen in die kognitive Falle und denken: »Ich bin ein ganz schlimmer Mensch wegen dieses Kleides«. Sie generalisieren von einer Kleinigkeit auf das Ganze.
– Als weitere kognitive Falle finden wir die Abwertung des Positiven. Das haben wir in manchen frommen Kreisen so gelernt. Wenn wir etwas Gutes getan haben, sagen Menschen, die in diese Falle gegangen sind: »Das hätte jeder andere besser machen können«. Wenn ein Vortrag oder eine Bibelstunde sichtlich gut ankam, hört man nicht selten vom Verkündiger: »Es war nicht der Rede wert ...«. Hier wurde das »Dienen« im Sinne von Philipper 2 verkehrt, zu einem System des »Nicht-zu-sich-selbst-Ja-Sagens« gemacht und dabei übersehen, daß im eigentlichen Sinne dieses Bibelwortes derjenige dient, der weiß, von welcher Position aus er dies tut.
Mit zu dieser kognitiven Falle gehört das negative Denken. Wenn Menschen mit dieser Art des verirrten Denkens ein Ereignis vorausplanen, dann nehmen sie fast durchweg an, daß es für sie negativ ablaufen wird. Eine durchzuführende Arbeit ist für sie nicht halb fertig, sondern liegt noch zur Hälfte vor ihnen. Die Flasche ist halb leer – nie halb voll.

– Eine letzte von vielen noch möglichen kognitiven Fallen ist der kleine Satz: Es sollte so sein. Viele Menschen leben nicht in der Realität sondern vom: es sollte so sein. »Man sollte eben Abitur haben«, »Wenn ich so gut reden könnte wie XY, dann ...«, »Wenn ich so hübsch wäre, wie AB, ja dann könnte ich ein Zeugnis für Jesus ablegen, aber bei mir häßlichem Menschen klappt es sowieso nicht«.

Das »ich sollte« ist eine derjenigen kognitiven Fallen, die uns daran hindert, ein Problem überhaupt anzugehen. Und sie ist oft damit verbunden, daß man personifiziert und sich selbst in negativer Form anklagt: »Ich bin daran schuld, daß meine Kinder in der Schule nicht vorankommen«, »Mein Mann hat nicht die Frau, die er eigentlich haben sollte; ich bin daran schuld, daß er nicht vorankommt« usw.

Man könnte noch viele ähnliche kognitive Fallen aufzeigen. Jeder muß die eigenen suchen. Wir hatten ja weiter vorne besprochen, wie man sie auffinden kann. Wenn wir die Falle entdeckt haben, dann gilt es, daran zu arbeiten. Ich möchte Mut machen, beispielsweise folgendermaßen voranzugehen:

Fertigen Sie eine Liste an, in drei Teile eingeteilt. Links oben schreiben Sie als Überschrift: »Mein verirrter Gedanke«. Darunter könnte dann z. B. stehen »ich bin wertlos«. In die Mitte der Liste kommt als Überschrift »Warum ist dieser Gedanke falsch«. In unserem Beispiel würden Sie dann z. B. ein Bibelwort oder ein anderes gutes Wort schreiben, das Ihnen aufzeigt, wie wertvoll Sie sind. Hierbei kann in vielen Fällen der Seelsorger mithelfen. Die Überschrift der rechten Spalte lautet: »Wann will ich mich ändern«. Es geht dabei darum, die Änderungen nicht nur im Kopf zu haben – das ist zu wenig. Ihr Vorsatz alleine läßt Sie im Alltag gleich wieder im Stich. Sie müssen das, was neu bedacht wurde, auch neu tun. Neues Denken – neues Handeln. Wenn das Denken nicht zum Tun wird, fällt das alte Denkraster wieder über Sie herein. Deshalb sollte man in der rechten Spalte deutlich festmachen, wann die Änderung konkret vollzogen wird.

Vieles kann sich im Leben dadurch ändern, daß man die Macht

der verirrten Gedanken ganz konkret angeht. Man sollte jedoch nicht verzagen, wenn die Änderungen nicht sofort eintreten. So wie sich das verirrte Denken im Laufe vieler Jahre langsam eingeschlichen hat und immer stabiler geworden ist, wird es auch nicht in einem verschwinden. Rückfälle sollten deshalb eingeplant werden. Immer wieder wird das Alltägliche zurückkehren. Erwarten Sie keine spontane Änderung, seien Sie geduldig, es geht oftmals langsam – aber unser Herr geht mit.

Kann religiöse Erziehung krank machen?

Die Antwort auf diese Frage ist zweischneidig. Ein »Ja« hat womöglich zur Folge, daß man mir vorhält, ich würde die befreiende Kraft des Evangeliums nicht sehen, ein »Nein« könnte schließen lassen, ich sähe die Wirklichkeit nicht.

Wir müssen, um zu einer ausgewogenen Antwort zu kommen, vorab sprachlich korrekt differenzieren, insbesondere auch deshalb, weil es in der Fachsprache die Krankheitsbeschreibung der »ekklesiogenen Neurose« gibt, einer seelischen Krankheit, die vor dem Hintergrund religiöser Erziehung entstanden sein soll.

Meint man mit »ekklesiogen«, daß die seelische Krankheit vom Evangelium herrühre, dann müssen wir diese Übersetzung ablehnen. Das Evangelium führt in keinem Fall zur Krankheit, das dürfen wir eindeutig festmachen, sondern zur »herrlichen Freiheit der Kinder Gottes«. Daß es die Möglichkeit einer göttlichen Führung gibt, die auch in Krankheiten hineinführen kann, haben wir im ersten Kapitel dieses Buches behandelt, hier handelt es sich aber um einen völlig anderen Sachverhalt.

Übersetzt man »ekklesiogen« korrekterweise mit »von der herausgerufenen Gemeinde ausgehend«, könnte gefolgert werden, daß die Gemeinschaft der Gläubigen zu Neurosen führt. Im NT werden die verschiedenen Gemeinden zwar ungeschminkt beschrieben, mit ihrer Gesetzlichkeit oder ihrem Libertinismus – und den möglichen Konsequenzen einer derartigen Lebenshaltung. Sofern sie sich jedoch an der biblischen Weisheit orientieren (z. B. im Sinne von Apostelgeschichte 2,42: »Sie blieben aber beständig in der Lehre der Apostel und in der Gemeinschaft und im Brotbrechen und im Gebet«), kennt die Bibel keinerlei Befunde von neurotischen Krankheiten.

Unsere heutigen Gemeinschaften sind Gruppen, in denen es zu den verschiedenartigsten Begegnungen kommt. Häufig stehen diese Interaktionen mit dem Evangelium nicht in direktem Zusammenhang, und man kann sie einfach soziologisch beschreiben. Wenn wir die christliche Gemeinde so sehen, dann ist es durchaus möglich, daß es, wie in anderen Gruppen auch, zu Fehlleistungen und in deren Folge u.U. auch zu seelischen Krankheiten kommen kann. »Kann die Erziehung in einer christlichen Gemeinde krank machen?« muß dann mit »ja« beantwortet werden.

Zusammenfassend müssen wir also sagen, daß es falsch ist, seelische Krankheiten in christlichen Gemeinden auf die biblische Lehre zurückzuführen. Sie können dort aber durch menschliche Handlungsweisen entstehen, die, womöglich unter Heranziehung einzelner und nicht im Zusammenhang gesehener Bibelworte, das neutestamentliche Gemeindesystem verzerren. Wir müßten demnach den Begriff »ekklesiogene Neurose« soweit verändern, daß wir sagen: Es gibt auch in den christlichen Gemeinden Neurosen. Sie sind jedoch nicht durch die Gemeinschaft, die Christus gestiftet hat, entstanden, sondern dadurch, daß Menschen auch aufgrund der Tatsache, daß sie in einer gefallenen Welt leben, diese Form der Gemeinschaft nicht adäquat ausleben.

Zu überprüfen wäre, wenn wir weiterhin von den »ekklesiogenen Neurosen« ausgehen, ob der Begriff »Neurose« angemessen ist. Wenn mit »Neurose« eine seelische Erkrankung beschrieben wird, die im Zusammenhang mit frühkindlichen Erfahrungen steht, dann müssen wir feststellen, daß es dieses Krankheitsbild auch in der christlichen Gemeinde gibt. Da der Neurosebegriff heute jedoch mehr bedeutet als diese einfache Beschreibung, weil er eine ganze therapeutische Schule transportiert, – er kommt ja aus der Psychoanalyse – müssen wir vorsichtiger untersuchen, was damit gemeint sein könnte.

Wer heute von einer Neurose spricht, nimmt die ganze Konzeption der traumatischen Erfahrung, ihrer Verdrängung ins Unbewußte und der vor einem solchen Hintergrund entstehenden körperlichen Beschwerden mit in seine Aussage hinein. Vor einem solchen Hintergrund darf man nicht vorschnell von ekklesiogenen »Neurosen« sprechen. Deshalb möchte ich dieses Wort, auch wegen der Unschärfe der Entstehungsgeschichte des Krankheitsbildes, nicht gebrauchen.

Ohne sprachliche Schwierigkeiten kann man bestätigen, daß bestimmte Erziehungsmuster in unseren Gemeinden krankmachend sein können. Wir haben dies ja schon weiter vorne durch das Modell in der Abbildung 2 deutlich gemacht. Die »ekklesiogene Neurose« möchte ich jedoch, insbesondere wegen den sprachlichen Unschärfen, nicht mehr weiterführen und präziser von »seelischen Störungen, die im besonderen Umfeld der christlichen Gemeinden entstanden sind«, sprechen.

Ehe wir diese Störungen und das Umfeld genauer untersuchen, um ggf. frühzeitig entsprechende Änderungen vorzunehmen, sollte jedoch unser Thema noch aus quantitativer Sichtweise betrachtet werden. Wenn es in unseren Gemeinden Menschen gibt, die dort krank geworden sind, dürfen wir dabei nicht übersehen, daß durch das Evangelium weitaus mehr Menschen gesund wurden. Es ist mir wichtig, dies vorab zu sagen, denn sonst bekommt man beim Lesen der nachfolgenden Zeilen einen falschen Blickwinkel. Ich möchte viel eher mit Johannes sagen, daß alle Bücher der Welt nicht ausreichen würden, um das zu beschreiben, was der Sieg Christi in der Gemeinde Jesu bewirkt hat...

Religiöse Erziehung – was ist dabei anders?

Wenn wir uns über die religiöse Entwicklung von Kindern Gedanken machen, dann müssen wir sie vorab einmal im Zusammenhang mit der normalen Entwicklung sehen.

Eine religiöse Entwicklung der Kinder gibt es in allen Kulturkreisen. Auch das im Islam oder Buddhismus erzogene Kind macht diese durch. Wesentlich erscheint mir, daß wir die Besonderheiten der christlichen Lehre bei der Entwicklung der Kinder herausarbeiten.

In Abbildung 4 ist schematisch dargestellt (soweit man diese Form der Entwicklung eben überhaupt systematisieren kann), wie die religiöse Entwicklung verlaufen kann. Auf den ersten Blick wirkt dieses Schema etwas kompliziert, aber es erleichtert die nachfolgenden Betrachtungen wesentlich.

Um den Unterschied der religiösen Entwicklung, den es bei

NEUE WERTEHALTUNG

Umorientierung, von Menschen ausgelöst, führt zu einem
Paradigmenwechsel
zu erkennen an:
– einem veränderten Denkansatz
– Rechenschaft ablegen (Verantwortung) über die neue Wertehaltung
– verändertem Handeln

Ist im Bereich aller Weltanschauungen und Religionen möglich
»diffuse religiöse Wertehaltung«

NEUES LEBEN IN CHRISTUS

Hier wirkt Gott am Menschen, dies führt zu einem
Herrschaftswechsel
zu erkennen an
– einer ganzheitlich orientierten Beziehung zu Gott (»Lebenshingabe«)
– neue Wertehaltung (siehe oben)

Lebenshingabe, Wiedergeburt (Johannes 3,3)

Abb. 4 Religiöse Entwicklung

allen Religionen gibt, zu der Besonderheit des Christentums herauszuarbeiten, möchte ich unterscheiden zwischen einer *neuen Wertehaltung* und einem *neuen Leben in Christus*. Diese Unterscheidung ist deshalb wichtig, weil es die Übernahme einer neuen Wertehaltung in allen Religionen gibt. Die Möglichkeit einer solchen Änderung gehört demnach zu den psychologischen Ausstattungen eines jeden Menschen hinzu.

Wenn Menschen ihre Einstellungen ändern, und ihr Leben ganz neu beginnen, ob sie sich zum Marxismus hinbegeben, plötzlich Anhänger einer New-Age-Religion werden oder sagen, sie hätten eine Bekehrung zum Islam erlebt, verläuft dies immer nach dem Muster, das im oberen Teil der Abbildung 4 zu sehen ist. Auch eine »Hinwendung zur Bibel« oder »die christliche Meinung übernehmen« kann vor einem solchen Hintergrund gesehen werden. Die Gefahr ist dabei immer die, daß wir als Eltern, wenn unsere Kinder davon erzählen, schon mit diesem Muster der Veränderung von Werten zufrieden sind, das ganz allgemein der religiösen Entwicklung entspricht. Wir übersehen jedoch häufig, daß die Entwicklung zu einem lebendigen Glaubensleben etwas prinzipiell anderes ist.

Was ist denn der Unterschied zwischen einer »neuen Wertehaltung« und einem »neuen Leben in Christus«? Das Schema der Abbildung 4 ist zur Klärung der Frage hilfreich. Während die Umorientierung der Wertehaltung vom Menschen ausgelöst wurde, beginnt das neue Leben in Christus durch seine Initiative.

Untersuchen wir zuerst die Entwicklung der neuen Wertehaltung: Hier geht der Auslöser zur Veränderung von anderen Menschen aus. Vielleicht sagen sie: »Du mußt dich ändern«. So reden wir ja auch als Christen: »Du mußt ein neues Leben mit Jesus anfangen!« Wenn es beim Menschen zu einer Änderung der Wertehaltung kommt, entstehen sehr weitreichende Folgen. Die neue Wertehaltung kann zu einem Paradigmenwechsel führen: Menschen, die sich zum Kommunismus oder Hinduismus bekehren, überzeugte Anhänger einer RAF-Gruppe werden usw., haben zumeist einen derartigen Paradigmenwechsel vollzogen. Zu erkennen ist dies zum einen am veränderten Denken und daran, daß diese Menschen sich selbst und anderen Rechenschaft über ihre neue Orientierung ablegen. Sie sagen: »Ich bin jetzt ein überzeugter XY, ich habe meine neue Sicht verstanden und verteidige sie auch entsprechend«.

Zum anderen gehört neben dem veränderten Denken und Rechenschaft ablegen noch das entsprechende Handeln hinzu. Es darf nicht bei der theoretischen Überzeugung bleiben.

Die neue Wertehaltung, entstanden durch einen Paradigmenwechsel, ist deshalb so stabil, weil Menschen ganzheitlich, im Bereich des Denkens, Fühlens und Handelns neue Perspektiven übernommen haben.

Extreme Beispiele finden wir bei den Terroristengruppen. Sie haben ein für sie selbst logisches Denkgebäude entwickelt, bekennen sich dazu und entwickeln schreckliche Untaten – alles in einem für sie schlüssigen Wertesystem.

Vor einem solchen Hintergrund müssen wir als Eltern und Erzieher sehr aufmerksam überdenken, ob wir unseren Kindern womöglich nur eine christliche Wertordnung anbieten, die sie im Sinne eines relativ stabilen Paradigmas übernehmen. Wenn unsere Kinder in der Schule zeugnishaft sagen »Jesus liebt mich«, muß dies noch nicht bedeuten, daß sie ein neues Leben mit Christus begonnen haben. Und gerade das, worauf wir als Eltern oft so großen Wert legen, daß unsere Kinder »brav« sind oder werden, kennen die anderen Religionen auch. Man findet z. B., wie schon erwähnt, im nördlichen Buddhismus eine hochstehende Kultur mit einer Diakonie und Nächstenliebe, die so reif entwickelt ist wie die unsrige. Wir müssen feststellen, daß auch humanistische Denkansätze zu vielen guten Taten geführt haben, daß große Hilfswerke dabei entstanden sind. Wichtig ist mir bei diesen Überlegungen die Erkenntnis, daß die Veränderung einer Wertehaltung nicht das originär Christliche ist, sondern, in unserem Modell des vorangegangenen Kapitels ausgedrückt, eher der innerweltlichen Wirklichkeit entspricht. Wenn wir als Eltern unsere Ziele dergestalt anlegen, daß die Kinder endlich brav werden, nicht mehr rauchen, abends pünktlich heimkommen, im Auto nicht schneller als 80 km/h fahren usw. – und dies als Ziel einer christlichen Erziehung sehen, dann machen wir einen entscheidenden Fehler – denn ähnlich argumentieren Nichtchristen auch. Natürlich dürfen wir uns brave Kinder wünschen und dies Erziehungsziel auch anstreben, aber dies entspricht einer Werteerziehung, die nicht mit dem Erziehungsziel »neues Leben in Christus« verwechselt werden darf.

Ich bin der festen Überzeugung, daß unsere Kinder, wenn wir in diesem Sinne richtig unterscheiden, den Weg in die Nachfolge

Jesu finden und ein neues Leben mit Christus beginnen werden. In aller Regel verbauen Eltern und Erzieher den Weg dorthin – und nicht selten deshalb, weil sie zwischen einer Erziehung zu veränderten Werthaltungen und dem Führen zu einem neuen Leben in Christus nicht deutlich genug unterscheiden. Würden wir nicht so viele derartige Fehler in der Erziehung machen, stünden weitaus mehr unserer Kinder in der Nachfolge Jesu, wobei wir natürlich wissen, daß man die Glaubensentscheidung nicht abnehmen kann. Wir können jedoch unsere Kinder bis zu diesem Punkt führen.

Diese Zeilen sollen nicht zu Schuldkomplexen führen. Vielleicht haben Sie von diesen Zusammenhängen bisher zu wenig erfahren. Und wenn Fehler gemacht worden sind, dann dürfen wir auch hier um Vergebung bitten.

Ich weiß, wie es Eltern treffen kann, wenn sie an ihre Kinder denken, die nicht in der Nachfolge Christi stehen und wie hart es ankommt, wenn ich sage, sie hätten einiges dazutun können. Ich habe sehr viel Mitgefühl, aber das Mitleid darf nicht so weit gehen, daß das verschwiegen wird, was zu sagen ist. Versuchen wir deshalb, das Schema der Abbildung 4 nochmals gründlich zu verstehen.

Wir können sagen, daß die Veränderung der Wertehaltung in allen Religionen und Weltanschauungen möglich ist. Unter religiösem Blickwinkel könnte man vom Erwerb einer »diffusen religiösen Wertehaltung« sprechen. Viele Menschen glauben im Sinne einer solchen Wertehaltung an »ein höheres Wesen«, das sie dann »Gott« nennen, die allermeisten sind auch für Recht und Ordnung als menschliche Grundwerte.

Wenn Gott am Menschen wirkt, wie wir dies im unteren Teil der Abbildung 4 modellhaft sehen können, dann ist der »kairos«, der Schnittpunkt der Zeiten, gekommen. Eltern und Erzieher haben die Kinder so vorbereitet, daß das Evangelium attraktiv geworden ist. Im Bild gesprochen, sie haben das Feld umgegraben, den Samen eingesät, umgeeggt, und jetzt ist die Zeit der Ernte gekommen. Vielleicht während einer Evangelisation, einer Freizeit, oder durch das Lesen der Bibel wirkt Gott am Menschen. Die Folgen dieses Wirkens kann man als Herrschaftswechsel bezeichnen. Ein solcher Herrschaftswechsel ist mehr als der weiter oben beschriebene Paradigmenwechsel, er beinhaltet ihn! Herrschaftswechsel bedeutet, daß die Machtfrage verändert, ein ganz neues Beziehungssystem aufgebaut wird.

Leider erleben wir in der Seelsorge häufig nur einen Paradigmen- und keinen Herrschaftswechsel. Sich entschuldigen, nicht mehr übel nachreden, die Ehe in Ordnung bringen – das ist alles wichtig, aber es ist zu wenig. Um was es uns als Erziehungsziel gehen muß, ist der Herrschaftswechsel durch die erlebte Begegnung mit dem auferstandenen Herrn.

Der Herrschaftswechsel ist an einer ganzheitlich orientierten Beziehung zu Gott zu erkennen, die durch eine Lebenshingabe entstanden ist. Eine Lebenshingabe, nicht aus Angst und nicht unter Druck, sondern in dem Sinne, daß ich sage: »Lieber Herr, du und ich, wir zwei sind eins«. Paulus schreibt dazu: »Ist jemand in Christus, so ist er eine neue Kreatur«. Neues ist geworden, eine göttliche »Ich-Du-Beziehung« entstanden. Nun brauche ich keinerlei Angst mehr vor Gott zu haben, ja ich darf mit ihm sogar schimpfen. Die Beziehung stimmt durchgängig. Und wenn ich mal versehentlich vergessen habe, in der Bibel zu lesen, brauche ich kein schlechtes Gewissen zu haben, deshalb zerbricht nicht gleich die Beziehung zu Jesus Christus.

Wenn wir als Eltern von einer derartigen Beziehung unserer Kinder zu Jesus Christus wissen, dann müssen wir nicht ständig überprüfen, ob unsere Kinder ihre »Stille Zeit« schon gemacht haben. Wenn die Beziehung im Sinne einer Lebenshingabe in Ordnung ist, haben nicht mehr die Eltern einzugreifen. Dann ist das Gottes Angelegenheit, die wir völlig an ihn abgeben dürfen.

Wir merken, wenn es um die Aufnahme einer ganzheitlich orientierten Beziehung zu Gott geht, einer Lebenshingabe, dann sollten Eltern und Erzieher Distanz wahren. Dies ist nicht mehr ihre Angelegenheit. Aber auf dem Weg dorthin kann sehr viel Hilfe geleistet werden, und hierbei geht es vor allem darum, daß wir unsere Kinder verstehen.

Die eingangs gestellte Frage, ob fromme Erziehung krankmachend sein könne, kann vor dem Hintergrund unserer bisherigen

Überlegungen jetzt differenzierter beantwortet werden: Fromme, *egoistische* Erziehung kann tatsächlich krank machen. Wenn nur moralische Inhalte, etwa im Sinne von »man muß den Willen brechen«, oder »man darf nicht weltförmig sein«, angestrebt und diese Erziehungsziele, mit frommen Floskeln verbrämt, vom Kind als christlich erlebt werden, hat es im Grund nur zwei Möglichkeiten seiner Entwicklung:

1. Wenn es als Christ lebt, wird sein Glaubensleben häufig verkümmert sein. Ständig in der Spannung lebend zwischen dem Selbstkonzept, das es in seiner Kindheit und Jugend erfahren hat und der tatsächlich erlebten Wirklichkeit. Erziehung und Erfahrung stimmen nicht überein. Das ständige Ringen und Nicht-einhalten-Können kann zu seelischen Krankheiten führen, und dann ist die Überschrift zu diesem Kapitel beantwortet: Eine falschverstandene fromme Erziehung ist dafür verantwortlich zu machen. Anstelle der herrlichen Freiheit der Kinder Gottes, die die Konsequenz einer ganzheitlich orientierten Beziehung zu Gott ist, tritt Enge, Verkrampfung, Depression.
2. Die andere Möglichkeit als Konsequenz einer derartigen Erziehung hören wir noch viel häufiger: »Das mit dem Glauben ist doch alles Quatsch, davon will ich nichts wissen. Das, was mir die Eltern sagen und was dabei herauskommt, stimmt doch nicht miteinander überein. Also laß ich die Sache lieber mal.« Für viele Jugendliche ist dies nichts anderes als ehrlich zu beobachten.

   Entweder krank oder ehrlich, so könnte man in extremer Zuspitzung die Konsequenzen einer falschverstandenen frommen, gesetzlich-moralisch gepredigten Erziehung sehen. Sicherlich ist diese Formulierung zu sehr in Schwarzweiß-Kategorien beschrieben, es gibt dazwischen noch Schattierungen, aber ich wollte durch diese Extremformulierung ein deutliches Zeichen dafür setzen, daß es für Eltern und Erzieher gilt, in hoher Verantwortung pädagogisch zu arbeiten.

Zur religiösen Entwicklung unserer Kinder

Kinder sind nicht Erwachsene in Kleinformat. Sie denken und fühlen nicht weniger als wir, sondern andersartig. Leider haben wir als erwachsene Menschen dies zumeist vergessen. Würden wir mehr auf »Augenhöhe« mit Kindern gehen, müßten viele Erziehungsbücher nicht geschrieben werden.

Es geht mir in den nachfolgenden Betrachtungen nicht darum, den biologischen Entwicklungsweg vorzutragen, auch nicht die Entwicklung des Denkens oder Fühlens im einzelnen, sondern darüber nachzudenken, wie sich das Verhältnis zu Gott, zu Jesus Christus im Laufe der kindlichen Entwicklung ändert. Wir müssen hierzu ganz neu lernen, uns wieder in unsere Kinder hineinzudenken.

Wenn ein kleines Kind von 2 bis 3 Jahren in einem gläubigen Elternhaus aufwächst, kann es nicht zwischen Sonntag und Feiertag, zwischen fromm und nichtfromm unterscheiden. Es findet die Festlichkeiten – sinnlich gesehen – wunderschön. Da ist man sonntags besonders lieb, es gibt ein gutes Essen, viele Menschen kommen. Das Aufschlagen der Bibel hat für das kleine Kind überhaupt nichts mit deren geistlicher Dimension zu tun, auch nicht der Gesang zu Hause oder im Gottesdienst. Es riecht besonders gut in den katholischen Kirchen, in der Gemeinschaftsstunde hört man es rascheln, durch das Kirchenfenster kommt ein farbiger Sonnenstrahl und malt blaue und rote Farben auf den Fußboden, alles ist so heilig und so still und dazu ganz ruhig. Sonntag oder Religion oder Gott ist für das Kind, in einem Wort gesagt, schön, es hat eine ganze Fülle positiver sinnlicher Wahrnehmungen gemacht.

Wenn ein Kind dies alles nun mit entspannten Eltern und Freunden erlebt, in einer guten Atmosphäre, dann wird das Religiöse positiv konditioniert. Dieses Erleben hat jedoch m.E. für das Kleinkind noch nichts mit den Wirkungen des Heiligen Geistes zu tun. Sein Denken muß sich erst noch entwickeln, damit zutreffen kann, was Paulus im Römerbrief sagt: »Der Geist selbst gibt Zeugnis unserm Geist, daß wir Gottes Kinder sind«.

Vor diesem Hintergrund ist auch die Frage zu beantworten, ab welchem Alter sich ein Kind für Jesus Christus entscheiden kann. Die Antwort lautet: Wenn Gottes Geist dem Kindesgeist Zeugnis gibt und die beiden zusammenstimmen, dann ist es soweit. Dabei ist unwichtig, ob das Kind zu diesem Zeitpunkt in seiner Denkentwicklung die präoperationale Entwicklungsstufe im Sinne von J. Piaget schon vollständig erreicht hat oder sich in der vormoralischen Phase, wie sie Kohlberg beschreibt, befindet. Gemeint ist, daß für ein neues Leben mit Christus eine gewisse Bereitschaft des Geistes notwendig ist. Diese Bereitschaft muß nicht der des Erwachsenen entsprechen, Kinder erleben viel deutlicher die sinnlichen Dinge. Kinder im Grundschulalter können also mit ihrer Art des Denkens ein neues Leben mit Christus beginnen.

Mein Vorschlag zur positiven religiösen Erziehung lautet ganz konkret: Feiern Sie den Sonntag, so schön Sie es können. Machen Sie alles, was mit dem Gottesdienst zu tun hat, zu einem sinnlichen Erlebnis für die Kinder. Man sollte mehr schmecken und mehr sehen! Wie wenig kindgemäß waren und sind hier die »Bilderstürmer«. Wie wenig erlebnisvoll sind oftmals die sonntäglichen Versammlungen für unsere Kinder: Die Kleider der Besucher riechen nach Mottenkugeln oder nach kaltem Braten. Draußen vor der Versammlung kräht der Hahn in die Stille hinein. Drinnen fällt kein Ton. Das Harmonium beginnt einen Vers zu spielen, dann singen die Leute ganz ernst.

Ohne Zweifel ist diese Versammlung für viele Erwachsene eine feine und geistliche Umgebung. Aber für das Kind wird sie nicht selten mit »bedrückend«, »schwer« und »dumpf« konditioniert. Wir sollten dies als Erwachsene akzeptieren und wieder neu lernen, zu werden wie die Kinder, um ein falsches Erziehungsverhalten zu vermeiden. Ein Kind möchte hüpfen, springen, und nicht eine ganze Stunde lang brav und still hinsitzen.

Die oftmals rasche Antworten der Eltern, daß der Heilige Geist das schon richtig machen würde, möchte ich so nicht akzeptieren. Eher würde ich vor dem Hintergrund unserer weiter oben gemachten Überlegungen den Eltern sagen, daß *sie* das richtig machen sollten. Wenn Eltern sagen, es könne nie schaden, wenn man den Kindern aus der Bibel vorliest, möchte ich antworten:

Doch, Bibellesen kann schaden! Der Feind Gottes, der Versucher Christi, hat auch die Bibel zitiert, um in der Wüste unseren Herrn zur Sünde zu verführen. Wir sehen hinter der Bibel eine magische Dimension, wenn wir sagen, das Vorlesen kann den Kindern nie schaden. Es kann schädlich ausgehen und zu einer negativen Konditionierung der Heiligen Schrift führen, wenn man beispielsweise nach jeder Mittagspause von einem 4jährigen Kind verlangt, daß es eine Viertelstunde hinsitzt, um einen langen unverständlichen Text zu hören. Für Erwachsene kann es eine Erbauung sein, eine mehrseitige Predigt von Ludwig Hofacker zu lesen, und es mag sie geistlich stärken. Das Kind jedoch denkt womöglich: »Oh der Hofacker, das heißt wieder ruhig sitzen«. Es verbindet dann mit der Bibel oder anderen Betrachtungen überwiegend negative Eindrücke.

Für manche Leser sind solche Beispiele sicherlich etwas überzogen. Ich möchte jedoch durch die bewußten Überzeichnungen deutlich machen, worauf es mir ankommt: In Kindergartenalter und Vorschulzeit geht es darum, das Evangelium für die Kinder mit fröhlichen Menschen und Umständen zu konditionieren.

Deshalb ist es auch besser, die Kinder nicht zusammen mit den Eltern in einen Wortgottesdienst zu nehmen, sondern in die parallel dazu stattfindenden Kinderstunden zu schicken. Sind Kinder im Gottesdienst aber dabei, dann sollte dieser alle Sinne ansprechen.

Bitte schicken Sie die Kinder deshalb in die Kinderstunden und nicht in den Gottesdienst, und wenn, dann in einen sinnlichen Gottesdienst. Hier haben Katholiken und die Ostkirche viele Vorteile; wer mit Kindern arbeitet, sollte sich daran orientieren. In ihren Kirchen kann man eine ganze Stunde lang schöne Bilder, Glasfenster oder die Statue eines Heiligen anschauen, es duftet nach Weihrauch – etwas Wunderschönes vom sinnlichen Standpunkt des Kindes her gesehen. Was Kinder anbelangt, müssen Protestanten und Reformierte also kräftig zulegen: Bunt und fröhlich, lebendig und sinnlich sollte der Gottesdienst sein, wenn er von der ganzen Familie besucht wird.

Es muß Eltern doch bedenklich stimmen, wenn der Papa nach dem Essen sagt: »Heute lesen wir etwas weniger« – und daraufhin die Kinder jubeln. Ja, warum machen wir denn die Betrachtung nicht kürzer und lesen nachher in der Stille das, was uns persönlich aufbaut und Freude schafft? Oder sagen Sie doch: »Heute wollen wir anstelle der Lesung, die sonst eine Viertelstunde dauert, die biblische Geschichte spielen, alle spielen mit: Papa, Mama, die drei Kinder und die Oma. Wir spielen heute die Schiffahrt über den wellenbewegten See Tiberias, wie alle Angst hatten und Jesus dann half«. Ihre Kinder werden diese nachmittägliche »Erbauungsstunde« nie mehr vergessen.

Wenn das Kind lesen kann, wird es von den Märchen erzählen und sagen: »Papa, das ist aber spannend beim Schneewittchen – genau wie beim Lazarus, der auferweckt wurde, ganz genau so.« Dann könnten die Eltern darauf bestehen, daß unter keinen Umständen das Märchen mit der Bibel in Zusammenhang gebracht werden darf: »An die Schrift kommt mir nichts heran, das ist das Wort Gottes, wie kannst du so etwas Profanes wie Schneewittchen mit der Auferweckung des Lazarus vergleichen!« Eine derartige Argumentation geht davon aus, daß Kinder wie kleine Erwachsene denken – das tun sie aber nicht. Für sie sind Märchen und die Wunder in der Bibel dasselbe: Sachverhalte, die durchaus normal sein können und gar keiner besonderen Erklärung bedürfen. Wenn Eltern den Vor- und Grundschulkindern noch so sehr versuchen Unterschiede zu erklären, indem sie z. B. sagen: »Weißt du, beim Lazarus hat der Herr Jesus ein Wunder getan, er hat den Toten wieder lebendig gemacht«, dann antworten die Kinder mit strahlenden Augen: »Genau so wie den Kai bei der Schneekönigin«.

Kinder im Kindergartenalter und in der frühen Schulzeit haben in der Regel ein positives Verhältnis zum Glauben. Man muß ihnen nichts beweisen. Sie haben noch kaum reflektiert: Papa ist der Größte, Mama die Zweitgrößte und beide sind in ihrer Qualität fast so gut wie der liebe Gott. Sie sind groß und können alles tun, was sie wollen. Wenn man diese Art des Denkens akzeptiert und nicht dagegen angeht, kann man den Kindern sehr viel von der Bibel erzählen – es sollten aber diejenigen Tatsachen sein, die handfest und im praktischen Sinne sogar spielbar sind. Das hohe Lied der Liebe aus 1. Korinther 13 erklären zu wollen, wäre für dieses Alter verfehlt. Es ist eines der schönsten Kapitel im Neuen Testament – aber nicht für Kinder. Ein Kind versteht nicht, was eine »klingende Schelle« ist und weiß mit »die Liebe ist langmütig« und »die Liebe eifert nicht« kaum etwas anzufangen. Es versteht aber, daß es Liebe ist, wenn es von Mama und Papa in den Arm genommen wird.

Gegen Ende der Grundschulzeit merken die Kinder dann deutlicher, daß es einen Unterschied gibt zwischen einer allgemein diffusen Wertordnung und einer lebendigen Glaubenshingabe zu Jesus Christus. Das passiert nach meinen eigenen Erfahrungen und den mir bekannten psychologischen Ergebnissen selten vor dem 10. Lebensjahr. Entscheidungen jüngerer Kinder für Jesus Christus gibt es zwar, aber ihre andere Art des Denkens läßt eine echte Unterscheidung zwischen dem weiter vorne beschriebenen Herrschaftswechsel und Paradigmenwechsel noch nicht zu. Ein Kind, das sich in früher Kindheit für Jesus Christus entschieden hat, oder besser, das zu Christus ja gesagt hat, muß sich später nochmals entscheiden unter seinem erneuerten und veränderten Denkansatz, d.h. diesen Herrschaftswechsel mit seinem Erwachsenendenken »offiziell« vollziehen.

Der Weg zu diesem Herrschaftswechsel kann in Stufen beschrieben werden:

Stufe 1: Bei anderen, z. B. den Eltern, erlebter, erfahrener und wahrgenommener Glaube.

Stufe 2: Zugehörigkeitsgefühl im Sinne von: »Ich darf auch zu den Christen dazugehören«.

Stufe 3: Suchender Glaube.

Stufe 4: Herrschaftswechsel.

Als Eltern und Erzieher sollten wir diese Reihenfolge beachten und unsere Kinder entsprechend dabei begleiten.

Fehler in der Erziehung

Nachfolgend wollen wir bedenken, welche Fehler man bei einer solchen Begleitung machen kann. Natürlich wäre es viel schöner, nicht den falschen, sondern den richtigen Weg aufzuweisen – jedoch wird an den Fehlern deutlicher, wo Änderungen ansetzen könnten.

Im vierten Kapitel werden wir uns ausführlicher mit der Entwicklung des Lebensstils beschäftigen, der in früher Kindheit geprägt wird. Er hat etwas zu tun mit der Art des Glaubens der Eltern und wurde von ihnen geprägt – ob sie es nun wissentlich oder unwissentlich getan haben.

In diesem Kapitel liegt der Schwerpunkt auf der »erlernten Hilflosigkeit« bzw. der sogenannten »externen Kontrollüberzeugung« sowie dem schon weiter vorne angesprochenen »zweipoligen Denken«. Ergebnisse aus der psychologischen Forschung haben deutlich gemacht, daß die Konsequenz einer derartigen Erziehung zu Fehlhaltungen bis hin zu Krankheiten führen können.

Wir würden es uns zu einfach machen, wenn wir davon ausgingen, daß psychologische Erkenntnisse mit der Erziehung zum Glauben nichts zu tun hätten. Im ersten Kapitel hatten wir ja gezeigt, daß die innerweltlichen Ebenen 1 und 2 bei einer ganzheitlichen Betrachtung zu den Hintergründen seelischer Krankheiten hinzugehören. Nachfolgend jetzt einige Einzelheiten zur Ebene 2 in der Abbildung 2.

Von woher wird das Denken kontrolliert?

Jeder Mensch wird in gewisser Weise von anderen Menschen bestimmt. Sie haben einen mehr oder weniger großen Einfluß auf seine Entscheidungen. Der eine geht davon aus, daß alle Dinge, die auf ihn zukommen, eher fremdbestimmt sind, daß er kaum einen Einfluß hat auf das, was mit ihm und an ihm passiert. Er arbeitet in seinem Betrieb und nimmt das Geschehen, das »die da oben bestimmen«, zumeist ergeben hin. Der andere krempelt die Hemdsärmel hoch, spuckt in die Hände und fängt an zu wirken – ohne viel nach den Menschen zu fragen, mit der inneren Sicherheit, daß das, was er bearbeitet, einen erfolgreichen Beitrag zur Veränderung seiner Umwelt oder der Gesellschaft darstellt.

Beide arbeiten – aber jeweils aus ganz anderer Überzeugung. Es kommt darauf an, wo der Ort liegt, der sie kontrolliert. Dieser Ort kann im Menschen selbst liegen oder aber fremdbestimmt sein.

Wenn ich mich selbst kontrolliere, dann bedeutet dies, daß ich den Zusammenhang zwischen meinem Handeln und den sich daraus ergebenden Folgen kenne und bestimmen kann. Ist meine Denkart fremdbestimmt, sage ich zu mir selbst, daß ich eigentlich alleine gar nichts tun kann. Was immer passiert, es ist von außen her bestimmt, wie ein Rädchen, das in einem Uhrwerk läuft. Außenstehende führen und leiten – und ob ich etwas sage oder nicht, ist eigentlich unwichtig, es kommt doch alles, wie es kommen muß. Mit frommer Sprache ausgedrückt lautet diese Art der Kontrollüberzeugung dann: »Du mußt dich einfach ganz hingeben, du kannst doch nichts machen, dein Herr tut alles für dich, sei nur still und ruhig und laß dich von ihm führen.« Das sind doch geistliche Worte, wir kennen sie aus vielen Predigten. Soll es denn falsch sein, sich in die Hand Gottes zu begeben und von ihm führen und leiten zu lassen? Gewiß nicht. Ohne die Leitung durch den Heiligen Geist, aber auch durch Eltern, Lehrer und Pastoren, würde das Glaubensleben chaotisch verlaufen. Diese Leitung darf jedoch nicht dazu führen, daß Menschen in die absolute Hilflosigkeit und Abhängigkeit durch Fremdbestimmung geraten. In der Welt, in der wir leben, muß man schon rechtzeitig erlernen, in vielen Bereichen selbst Hand anzulegen – und daß man durch dieses Handanlegen auch mit entsprechenden Konsequenzen zu rechnen hat. Die Akzeptanz einer Leitung und Führung durch den Heiligen Geist ist die eine Seite, das selbständige Vorangehen die andere. Und beide Arten der Kontrollüberzeugung müssen im Rahmen der Erziehung ausgewogen sein.

Das Konzept der sogenannten »erlernten Hilflosigkeit« wurde nicht von christlichen Forschern erfunden, und es gibt dieses Erziehungsmuster auch nicht nur bei Gläubigen. Seligman hat schon vor mehr als 20 Jahren gezeigt, daß man Menschen dadurch, daß man ihnen keinen Zusammenhang zwischen dem, was sie tun, und den Folgen ihres Handelns aufzeigt, zur Hilflosigkeit erzieht. Wenn Kinder erlernen, daß sie gar nichts alleine tun können, sehen sie auch keine Konsequenzen. Es kann sein, daß sie dann als Schulkinder sagen: »Daß ich eine schlechte Schulnote bekomme, hat nichts mit mir zu tun, das hat Gott so gewollt« und etwas später im heiratsfähigen Alter: »Daß ich keinen Mann bekomme, das ist eine Sache, die Gott schon richtig macht, ich will weiter stille sein und warten...«. So kann das Leben dann weitergehen, alle Aussagen dieser gläubigen Menschen klingen gottergeben und wie von der Kanzel verkündigt. Entsprechende Lieder, die diese Art des Lebensweges unterstützen, gibt es auch, z. B.: »Weiß ich den Weg auch nicht, du weißt ihn wohl, das macht die Seele still und friedevoll«.

Nicht an dem schönen Liedvers einer Hedwig von Redern und noch weniger am Wort Gottes soll mit diesen Aussagen zur Hilflosigkeit gerüttelt werden. Göttliche Führung, die Leitung durch den Heiligen Geist, das Abhängigsein von unserem Schöpfer – dies alles ist biblisch begründet. Aber es ist eben nur ein Teil der Wahrheit. Wenn ein solches Ziel unser Leben als Eltern oder Erzieher bestimmt, vielleicht weil es für uns selbst notwendig ist, weil wir »Springinsfelde« sind, die alles alleine machen wollen, die zu sich selbst immer wieder sagen müssen »sei ruhig, lieber Freund, laß dich führen, laß dich leiten, mach nicht so viel allein, geh in die Stille«, muß dies noch längst nicht das Problem unserer Kinder sein. So gesehen, kann also die eigene Erfahrung des Erziehers oder das persönliche Problem des Predigers dazu führen, daß diese durch ein entsprechendes Verhalten bzw. entsprechende Verkündigung die Kinder zur inneren Hilflosigkeit führen, zu der Überzeugung »mich kontrollieren immer nur externe Dinge, ich habe selbst nichts zu sagen«.

Von den empirischen Forschungen aus der Psychologie wissen wir, daß eine Erziehung zur Hilflosigkeit bzw. zur externen Kontrolle im weiteren Verlauf des Lebens in vielen Fällen die Anfälligkeit für Depressionen erhöht. Wir sollten deshalb bedenken, daß ein Führen in die Abhängigkeit Gottes ein wichtiges Grundelement christlicher Erziehung ist, jedoch daneben auch die Ichstärke gefördert werden muß – dies ist biblisch fundiert. Es gibt auch eine *interne* Kontrollüberzeugung, und das Gegenstück zur erlernten Hilflosigkeit ist eine erlernte Souveränität. Sie zeigt sich daran, daß wir uns selbst und unseren Kindern sagen: »Ich kann mit meinem Herrn über eine Mauer springen«, wir machen ihnen klar: »Du und dein Herr, ihr beide geht zusammen. Jesus Christus geht mit dir, aber geh!«.

Neulich schrieb mir ein Mann einen langen Brief mit der Frage, ob er denn eine Zeitungsanzeige in einem christlichen Blatt aufgeben dürfe, er würde so gerne heiraten. In seiner Gemeinde hatte man davon abgeraten und ihm gesagt, er solle doch einfach warten, Gott würde es schon recht mit ihm machen. Ich habe am Telefon mit ihm gesprochen und gefragt: »Wollen Sie eigentlich heiraten?«, seine Antwort war »Natürlich will ich« – und daraufhin beschloß er, die Anzeige abdrucken zu lassen. Er erzählte mir, daß er in seinem Leben nie aktiv geworden sei und daß ihn im Laufe der Jahre eine tiefe Depression umgeben habe. Dies war eine Konsequenz seiner Erziehung und des geistlichen Umfeldes, in dem er lebte: erlernte Hilflosigkeit. Wir haben in der anschließenden Seelsorge das Lied von Francke miteinander durchbuchstabiert: »Nun aufwärts froh den Blick gewandt und vorwärts fest den Schritt, wir gehn an unsres Meisters Hand, und unser Herr geht mit.« Bei Paul Gerhardt konnten wir lesen: »Geh aus mein Herz und *suche* Freud« und dabei erkennen, daß die Freude meistens nicht von alleine kommt, daß man sich aktiv aufmachen muß, sie zu suchen. In der Seelsorge haben wir dann entdeckt, daß es in der Bibel eine Fülle von Worten gibt, die uns zur Aktivität ermahnen. »Bittet, so wird euch gegeben« entspricht der eher passiven Form des Gebetes, »suchet, so werdet ihr finden«, führt etwas mehr in die Aktivität und das »klopfet an, so wird euch aufgetan« in Matthäus 7,7 weist auf ein sehr aktives Verhalten hin.

Schwarz-weiß-Denken

Wir alle kennen das schöne Bibelwort aus 1. Könige 18,21: »Wie lange hinket ihr auf beiden Seiten?« und gebrauchen es, um uns selbst und anderen klar zu machen, daß wir ungeteilt unserem Herrn nachfolgen wollen. Verbunden mit der Aussage Jesu aus Johannes 14: »Ich bin der Weg und die Wahrheit und das Leben; niemand kommt zum Vater denn durch mich« ist dies ein Wort, das in eine Entweder-oder-Position führt. Wenn es um die Heilsfrage geht, dann gibt es keine halben Christen, dies sei ein ganzer Unsinn, so hat Pfarrer Busch schon vor vielen Jahren gesagt. Hierzu wollen wir aus ganzem Herzen stehen, und es gilt vor dem Hintergrund einer pluralistischen Gesellschaft, den Menschen immer wieder das klare Wort zu sagen: Hinket nicht auf beiden Seiten. Seid nicht Fisch und Fleisch zugleich, geht ganz zu Christus, oder bleibt ganz weg.

Anders sieht es aus, wenn es um den täglichen Lebensvollzug geht, hier ist der Mittelweg oftmals der vernünftige. Es ist gefährlich, wenn Eltern, von der biblischen Position einer klaren Heilsentscheidung ausgehend, für alle praktischen Lebensvollzüge eine ähnliche Konsequenz einfordern. Einige Bibelworte rufen deutlich zur Ausgewogenheit auf, z.B. »Armut und Reichtum gib mir nicht; laß mich aber mein Teil Speise dahinnehmen, das du mir beschieden hast...«(Sprüche 30,8). Es geht um ein gesundes Mittelmaß. Und so gesehen ist, auch im Sinne der Nikomach'schen Ethik, nicht von der Hand zu weisen, daß das Mittlere eher das Normale ist. Wenn ich mit einem falschverstandenen »nicht auf beiden Seiten hinken« den Kindern in der Erziehung vermittle, daß man entweder ganz gesund oder ganz krank, entweder ganz schön oder ganz häßlich, ganz reich oder ganz arm, entweder der erste oder der letzte in der Schule sein müsse, dann werden sie in ein Schwarz-weiß-Denken hineingeführt und als Erwachsener kaum fähig sein, die »Mitteltöne« zu ertragen. Wenn man als Kind gelernt hat, entweder gesund oder krank zu sein, dann bleibt für das Leid dazwischen kein Raum. Wenn ich nur den Lebensweg reich oder arm kenne, ist alles andere nicht akzeptabel – die Frustration ist damit vorprogrammiert. Derartig erzogene Kinder kommen im praktischen Leben nur schwer zurecht, weil sie gelernt haben, daß man immer nur auf der einen oder der anderen Seite richtig leben kann. Das Schwarz-weiß-Denken führt konsequenterweise von der Frustration in die Depression. Menschen mit einer solchen Lebensmaxime können mit dem ausgewogenem Zustand nicht zurechtkommen. Sie haben nicht gelernt, zum Mittelweg ein Ja zu finden, nicht vollkommen gesund und auch nicht ganz reich, nicht der allererste sein zu können usw. Wenn unsere Kinder im Rahmen der Erziehung nicht lernen, einen Mittelweg zu akzeptieren, werden sie im späteren Leben häufig Schiffbruch erleiden. Ich will noch einmal betonen: Tatsächlich gibt es einige Dinge, die man nur mit entweder-oder entscheiden kann, aber im praktischen Leben müssen wir zum Mittelweg hin erziehen.

Gläubige Eltern möchte ich insbesondere dann vor Extremen warnen, wenn ihre Kinder noch nicht die persönliche Begegnung mit Jesus Christus im Sinne des oben beschriebenen Herrschaftswechsels erlebt haben. Sie sollten nicht die Maßstäbe anlegen, die Paulus der Gemeinde der Gläubigen vorgibt, weil die Kinder ja noch gar nicht dazugehören. Viele Eltern sagen »Aber mein Sohn hat doch das Losungsbuch auf dem Nachttisch liegen und er liest auch immer wieder darin.« Es fällt nicht leicht, dann den Eltern zu sagen, daß im Leben des Sohnes vielleicht noch gar kein Herrschaftswechsel vollzogen worden ist. Ich weiß, wie gerne Eltern das so hätten, aber der Wunschgedanke trübt häufig den Blick. Hier gilt es eindeutig auf ein Entweder-Oder hinzuarbeiten.

Praktische Konsequenzen

Was können wir nun ganz praktisch tun, um unsere Kinder zu einer lebendigen Beziehung zu Christus zu führen? Man kann in wenigen Sätzen folgendes sagen:

Echt sein

Glaube und Leben von Eltern und Erziehern müssen identisch sein, kongruent, zusammenpassen. Wenn ich als Vater betrübt bin, dann sollte ich mir nicht innerlich sagen müssen: »Ich darf nicht traurig sein, ein Christ ist immer froh«, sondern ich kann meinem Kind sagen: »Heute bin ich ganz am Ende. Ich hatte mit Mama Streit, und wir haben uns noch nicht versöhnt.« Es geht um die Transparenz von Leben und Glauben, was bedeutet, daß Väter und Mütter, Erzieher, Jugendleiter und Pfarrer ehrlicherweise bekennen dürfen, daß es in ihrem Glaubensleben nicht immer nur aufwärts, sondern manchmal auch abwärts geht, daß sie immer wieder am Ende der Kräfte sind, daß sie manchmal Zweifel haben, ob der Weg richtig ist, daß sie vielleicht jetzt gerade keine Perspektiven mehr sehen. Nicht selten wird dann das kleine Kind seine Arme um den Kopf von Papa oder Mama schlingen und sagen: »Aber ich bin doch auch noch da, ich passe auf dich auf – und der Herr Jesus erst recht ...«

Zwischentöne sehen

Eltern und Erzieher müssen vorab lernen, gegen die eigene Hilflosigkeit anzugehen, um dies dann an die Kinder weiterzugeben. Es gilt zu begreifen, daß sich Eigeninitiative und Gottvertrauen nicht ausschließen. Wir dürfen wollen und dürfen uns gleichzeitig ganz hingeben. Um dies zu lernen, ist es wichtig, das Schwarz-weiß-Denken, das Alles-oder-nichts-Denken, das »Was-sagen-die-anderen-Denken« und ähnliche kognitiven Fallen zu überwinden. Es gilt, zwischen schwarz und weiß die Grautöne zu sehen und zu akzeptieren, um damit die eigene Entfaltung und die der anvertrauten Kinder zu fördern.

Beziehung ist wichtiger als Inhalt

Man kann viele Regeln aufstellen und von Erziehungswissenschaften hören, welche Methoden die besten sein sollen. Methoden sind sicherlich wichtig und wir haben ja gezeigt, wie sinnvoll es z. B. sein kann, eine biblische Geschichte nicht vorzulesen, sondern zusammen mit den Kindern zu spielen. Entscheidend für den erzieherischen Erfolg sind aber nicht Medien und Methoden, sondern das, was man in der Fachsprache den »pädagogischen Bezug« oder die »pädagogische Begegnung« nennt. Der Beziehungsaspekt ist dem Inhaltsaspekt vorgeordnet.

An der Beziehung zu arbeiten, ist mehr wert, als dem Sohn einen Sportwagen zu kaufen oder der Tochter eine schöne Reise zu schenken. Wenn wir die Beziehung verbessern wollen, bedeutet dies ganz praktisch, mit den Kindern auf Augenhöhe zu kommen. Nicht darüber, nicht darunter, nicht von der Seite. Wenn, um dieses Augenmaß zu erreichen, Eltern und Erzieher echt und einfühlsam sind, wenn sie die Kinder wertschätzen so wie sie sind und nicht wie sie sein sollten, dann kann Beziehung entstehen.

Was können Eltern tun?

Während in weltlichen Gruppierungen eine konsequente Förderung zur Identität der nachfolgenden Generation betrieben wird, sind Christen hierbei seltsam unsicher. Häufig tauchen die Fragen auf: Darf man denn ein Kind zum Glauben führen? Ist dieser Weg von der Erziehung her überhaupt beeinflußbar? Ist dies nicht eine göttliche Angelegenheit, zu der Menschen nur sehr wenig beitragen können?

Die Antwort auf diese Fragen kann nicht pauschal gegeben werden. Bei vielen Verkündigern des Evangeliums entstehen Schuldgefühle, wenn sie sagen, der spätere Weg in die Nachfolge Jesu sei deutlich durch die Erziehung zu beeinflussen. Ihre eigenen Kinder, sofern sie schon älter sind, sprechen oftmals eine deutliche Sprache. Und, wenn die Kinder noch klein sind, ist man sehr vorsichtig, »... denn man weiß ja nie, was noch kommt.« So betrachtet ist es dann wesentlich einfacher, den Weg zum Glauben als relativ »fremdbestimmt« und unabhängig vom Erziehungsverhalten zu erklären.

Wie weiter vorne schon beschrieben, geht es ja beim Glauben an Jesus Christus nicht nur darum, vom Christentum »überzeugt« zu sein. Eine Lebenshingabe im Sinne des Herrschaftswechsels ist mehr. Hier kommt Jesus Christus auf unsere Kinder zu und begegnet ihnen – das ist von uns aus nicht machbar.

Und dennoch meine ich, daß die erzieherische Komponente überwiegt, denn Jesus Christus hat von seiner Seite her das Ja-Wort zur Begegnung bereits gegeben. Wir können demnach weitaus mehr tun, um unsere Kinder so weit zu führen, daß sie von sich aus sagen: »Ich will ganz in die Nachfolge Christi treten«, als man üblicherweise denkt. Ich möchte deshalb nachfolgend auch für die *Aktivität* und die *Verantwortung* der Eltern plädieren.

Um zu genaueren Ergebnissen zu kommen, habe ich junge Erwachsene, die bewußt in der Nachfolge Christi stehen, gefragt, was ihnen von ihren Eltern her, den Weg zum Glauben geebnet hat. Die Antworten waren überraschend einfach und klar:

1. Konsequenz
Der Glaube der Eltern muß ein alles durchdringendes Element ihres praktischen Lebens sein.

2. Freiheit
Zum Glauben darf man nicht gezwungen werden, dies führt zu blindem Widerstand.

3. Flexibilität
Eltern sind nicht am Ziel, sondern auf dem Weg in der Nachfolge Christi. Kinder müssen die Möglichkeit haben, ihre Weggefährten zu werden.

4. Achtung
Jesus hält viel von Kindern. Kinder haben das Vorrecht, Kinder zu sein. Sie sind, was den Glauben im Zusammenhang mit Wissen und Erfahrung anbelangt, den Eltern überlegen. Eltern sollten diesen Vorsprung akzeptieren.

Beim Sammeln der Antworten zeigte sich auch, daß wir mit unseren Kindern lachen *und* weinen dürfen. Daß sie *uns* trösten können, wenn wir traurig sind.

Wir müssen bei »geistlichen« Dingen *ehrlicher* sein. Wenn die Kinder erzählen, daß z. B. die Predigt oder Jugendkreisstunde langweilig war, dann sollten wir dies akzeptieren und nicht krampfhaft nach Entschuldigungsgründen suchen. Wenn sie über lange Gebete und unverständliche Lesungen klagen, dann sollten wir dies *verstehen*. Unsere Kinder merken genau, wenn wir sonntags nicht gerne in den Gottesdienst gehen, weil wir vielleicht gerne mal ausschlafen möchten – wir dürfen ihnen dann auch ganz ehrlich offenlegen, warum wir *trotzdem* gehen.

Wir können mit unseren Kindern über unsere *Sorgen und Zweifel* (auch in Glaubensdingen) genau so *sprechen* wie über die Gebetserhörungen. Es sollte in Glaubensdingen kein Tabu geben. Und wie schön, wenn wir dann erleben, daß uns die eigenen Kinder trösten.

In normalen Familien kommt es auch zum Streit – der eigentlich bis zum Sonnenuntergang wieder beigelegt sein sollte. Aber dies geht so nicht immer. Dann ist es wichtig, daß man nicht krampfhaft nach einer Lösung sucht und dabei die Probleme »unter den Teppich« kehrt. Irgendwann am nächsten Tage klappt es dann wieder und zumeist ergibt sich nach einer offenen Aussprache auch ein besseres Versöhnen als vorschnelle Verdrängungen dies bewirken könnten.

Mit großer Freude werden wir immer wieder entdecken, daß unsere Kinder ein viel konsequenteres Glaubensleben führen als wir selbst – und dies gibt dann Mut, *zu werden wie die Kinder...*

Um all das Gesagte nochmals zusammenzufassen, ist es hilfreich für Erzieher, die nachfolgenden Fragen gründlich und ehrlich anzugehen. Möglichst viele davon sollten mit »Ja« beantwortet werden können.

1. Erlebe ich selbst mein Glaubensleben positiv? Macht es mir wirklich Freude, in der Nachfolge Jesu zu stehen oder lebe ich eher zwanghaft?
2. Bin ich transparent in Glaubensdingen? Ist mein Glaubensleben an Sonn- und Werktagen identisch? Wissen meine Kinder, warum ich glaube?
3. Ist mein gegenwärtiges Glaubensleben genügend attraktiv für meine Kinder? Ist es für sie wünschenswert, auch ein solches Leben zu führen? Bringt es Vorteile für sie?
4. Habe ich eine Zielperspektive, die es zu übernehmen lohnt? Wie realisiere ich ganz praktisch die Aussage: »Das Schönste kommt noch?«
5. Kann ich mich in die Situation meiner Kinder tief einfühlen? Weiß ich z. B., daß sie in der Schule oder am Arbeitsplatz manchmal leiden, weil sie selbst oder die Eltern Christen sind?
6. Kann ich als Vater, Mutter oder Erzieher »gnädig« sein, d. h. auch einmal nicht strafen, obwohl Strafe verdient wäre?
7. Kann ich mich für Fehler entschuldigen? Und dies auch dann, wenn ich aus der Sicht des Erwachsenen (die nicht unbedingt der des Kindes entspricht) richtig gehandelt habe?
8. Kann ich meine Schwächen zugeben und auch einmal weinen? Darf ich meine Gefühle zeigen? Wann habe ich mich das letzte Mal selbst belächelt?
9. Wie begegne ich »der Welt?« Schotte ich mich ab oder führe ich meine Kinder konsequent ein, z. B. auch in den Umgang mit Medien (Fernsehen)?
10. Kann ich schöne Dinge (z. B. Bücher, Musik, Kleider usw.) als schön sehen, auch wenn sie vordergründig nicht »christlich« sind?

Lebensziel prägt Lebensstil

Wenn es wahr ist, was die Überschrift zu diesem Kapitel verspricht, dann sind die Ziele, die sich ein Mensch für sein Leben setzt, von allergrößter Wichtigkeit. Wir erleben dies ja im kleinen, wenn wir beispielsweise in unserem Terminkalender die einzelnen Aufgaben planen. Schon die Freude auf eine Begegnung am Abend kann da dem ganzen Tag ein fröhliches Gepräge geben. Ähnlich ist es auch mit den Lebenszielen: Lebensziel prägt Lebensstil. Zu fragen ist hierbei jedoch, ob uns diese Ziele immer klar bewußt sind. Wäre es nicht so, könnte man eventuell unbewußten Lebenszielen nachjagen, Zielen, die man nicht ausformuliert hat, und die dennoch das Leben entscheidend prägen. Diese Fragestellung wollen wir nachfolgend genauer untersuchen.

Dankbar dürfen wir als Christen sehen, daß es in der Bibel große heilsgeschichtliche Ziele gibt – aber auch die kleinen Linien für die private Lebensgeschichte. Die biblische Geschichte und das biblische Denken läßt sich nur von dem Ziel her deuten, das Gott mit der ganzen Welt und mit jedem einzelnen Menschen hat.

So ist dann auch im privaten Bereich zu überlegen, welches persönliche Lebensziel wir haben. Vielleicht ist die Antwort ganz rasch zur Hand: »Jesus Christus zu verherrlichen«. Ich bin sicher, daß dies das geistliche Lebensmotto vieler Christen ist – im Bereich des Denkens. Ist es aber auch das ganzheitlich-menschliche? Dies wollen wir überprüfen.

Es kommt zu großen Spannungen in unserem Leben, wenn der Vorder- und Hintergrund nicht zusammenstimmen, wenn geistliche und menschliche Ziele nicht kongruent sind. Störungen können die Folge sein, bis hin zu seelischen Krankheiten. Deshalb wird es wichtig, das Lebensziel in seiner ganzheitlichen Dimension auszuloten, bewußt zu machen und gegebenenfalls zu korrigieren.

Wie kommen wir zu unseren bewußten und unbewußten Lebenszielen?

Wenn wir so einfach fragen, kann es sein, daß nur ein Teil der ganzen Thematik offen dargelegt wird, weil es dem Befragten auf Anhieb gar nicht möglich ist, die unbewußten Anteile auszuformulieren.

Es hat sich bei unserer Arbeit in der Biblisch-therapeutischen Seelsorge bewährt, nicht einfach auszufragen, sondern mit dem Ratsuchenden in ein gründliches Gespräch zu kommen. Dabei ist es hilfreich, ihm einige Fragen mit nach Hause zu geben. Die erste lautet: *»Wer bin ich?«*. Er soll darüber nachdenken, meditieren und das Ergebnis zu Papier bringen. Die zweite Frage lautet: *»Wer sind die anderen um mich herum?«*. Bei dieser Suche nach dem Du können in der Stille viele Antworten gesammelt werden. Auch die letzte Frage fordert konsequente Rechenschaft, sie lautet: *»Was tue ich auf dieser Welt?«*. Mit den Antworten auf diese Fragen lassen sich tiefe Einblicke in das Denken, Fühlen und Handeln eines Menschen finden. Sie sind, nebenbei gesagt, aber auch hilfreich, wenn es darum geht, ein seelsorgerliches Gespräch mit einem fernstehenden Menschen zu führen.

Damit die Antworten etwas einfacher werden, können wir vorab bedenken, in welche Richtung die Lebensziele des Menschen gehen könnten und was hierzu in der Bibel, aber auch in der Anthropologie, der Philosophie und der Psychologie vorzufinden ist.

Abbildung 5 zeigt vier der wichtigsten Strebungen des Menschen, sie sollen nachfolgend besprochen werden.

Strebung	**Aktivität**
1. Macht	bestimmen
2. Besitz	verfügen
3. Ehre	glänzen
4. Selbstverwirklichung	entfalten

Abb. 5 Die großen Strebungen der Menschen

Auf der linken Seite der Abbildung 5 sind die Strebungen (synonym könnte man hierfür auch Bestrebungen, Triebe, Motive o.ä. sagen), eingezeichnet, die den Menschen antreiben, irgendein Ziel zu erreichen. Man kann die Bibel und die ganze Literatur-, Kultur- und Weltgeschichte durchforschen, immer wieder tauchen diese vier Strebungen auf. Auf der rechten Seite der Abbildung 5 sehen wir die sich aus den Strebungen jeweils entwickelnde Aktivität des Menschen.

An vorderster Stelle haben Menschen das Streben nach Macht, dann nach Besitz, nach Ehre und das Bestreben nach Selbstverwirklichung. Diese Strebungen gehören zur »Grundausstattung« hinzu, sie sind weder als »gut« noch als »böse« zu bezeichnen. Sie sind ein Teil der göttlichen Schöpfung – und wenn wir sie nicht akzeptieren, verleugnen wir einen Teil unserer Persönlichkeit. Daß sich diese Strebungen auch in verzerrter Form entwickeln können und damit den Hintergrund für Kriege, Schuld und Unglück im Leben der Menschen bilden, daß durch derartige Verzerrungen auch seelische Krankheiten entstehen können, ist eine Konsequenz der gefallenen Schöpfung.

Die nachfolgenden Überlegungen werden zeigen, daß es sinnvoll ist, weder ein Maximum noch ein Minimum der Strebungen als Lebenskonzept zu haben, sondern im Sinne des vorangegangenen Kapitels einen vernünftigen Mittelweg einzuschlagen.

Das Streben nach Macht

Auch Menschen, die, wie im vorangegangenen Kapitel beschrieben, einen Herrschaftswechsel vollzogen haben, kennen das Streben nach Macht. Wer überhaupt kein derartiges Streben zeigt, verbirgt dies nur geschickt. Es geht um eine mittlere Ausprägung des Machtstrebens: nicht zu viel, aber auch nicht zu wenig. Extremausprägungen deuten auf eine Besonderheit des Lebenszieles hin.

Macht ausüben zu wollen heißt: »Ich will bestimmen«.

Ich kenne keinen Menschen, der dies nicht in mehr oder weniger ausgeprägter Form wünscht. Vielleicht sagen Sie: »An mir hat der Heilige Geist gewirkt, ich konnte meinen Machttrieb ablegen« – das mag sein, aber Sie spüren sicherlich immer noch Machtstrebungen – und können diese in der durch das Wirken Gottes reduzierten Form akzeptieren. Wer nicht offen zugibt, daß er das Streben nach Macht kennt, bringt dies nicht selten in einer zarten und frommen Tönung an die Menschen heran. Beispielsweise, wenn er vom Podium aus sagt: »Ich will eigentlich nur das Beste für meine Zuhörer weitersagen.« Vom Rednerpult geht viel Macht aus, auch wenn oft das Gegenteil betont wird. Ähnlich ist es in der Seelsorge und der Therapie. Macht zu haben bedeutet hier, immer ein bißchen mehr als der Ratsuchende zu wissen. Bestimmen heißt ja nicht nur, Vorgesetzter zu sein, sondern in vielen Fällen schlicht, mehr zu wissen. Wenn der Seelsorger um letzte Geheimnisse weiß, die andere nicht kennen, hat er Macht über diesen Menschen – und er kann diese Macht manchmal in sehr subtiler Form ausspielen. Dies ist nicht die Macht des Vaters, der zu seinen Kindern sagt, daß sie ihm zu gehorchen haben – eine derartige Machtstrebung ist leicht zu durchschauen. Die Macht und Herrschaft des Wissens, die Macht des Denkens ist ungleich gefährlicher – und auch viel schwieriger zu erkennen.

Wir sollten bei unseren zukünftigen Gesprächen, ob im Familienkreis, in der Firma, aber auch in der Gemeinde, in weiser Form daran denken, daß Menschen Macht haben und herrschen wollen. Dann wird manche Äußerung, die wir bisher nicht verstanden haben, transparenter. Wichtig ist, daß wir diese Strebung, solange sie sich in mittlerer Ausprägung zeigt, akzeptieren sollten, sie gehört zum Menschen hinzu und ist in der Regel, wie alle anderen Strebungen auch, nur in extremer Ausprägung problematisch.

Macht ist von allen Strebungen sicherlich die stärkste. Sie hat in ihrer extremen Ausprägung in der Menschheitsgeschichte unendlich viel kaputt gemacht. Denken wir dabei an 1. Mose 3,5, wo die Schlange Adam und Eva verspricht, sie würden sein wie Gott. Oder denken wir an Kain und Abel. Bei diesem Brudermord ging es auch um die Machtfrage. Im 11. Kapitel des 1. Mosebuches begründen die Menschen den Turmbau so: »... damit wir uns einen Namen machen«.

Wann immer die Machtfrage im Leben eines Menschen nicht gelöst wird, gibt es Schwierigkeiten. Die Lösung jedoch ist nicht in der Weise gegeben, daß wir die Machtstrebung einfach ablehnen. Wir brauchen Macht, damit in unserer Welt zumindest teilweise Ordnung geschaffen werden kann. Die Machtstrebung prinzipiell abzulehnen, würde die Menschheit ins Chaos führen.

Wenn ich als Christ meinem Herrn die Macht übergebe, dann nimmt er sie mir nicht, sondern verändert sie. Wir brauchen auch in den Gemeinden Männer und Frauen, die Macht ausüben, die das Sagen haben. Aber es muß eine Form von Macht sein, die unser Herr in Händen hält.

Für die Lebensstilanalyse gilt es vor diesem Hintergrund im Gespräch herauszukristallisieren, ob beim Ratsuchenden auf diesem Gebiet besondere Probleme vorliegen: Überstarkes oder zu wenig ausgeprägtes Machtstreben.

Das Streben nach Besitz

Auch die zweite der großen Strebungen ist durchaus legal: Menschen wollen Besitz haben. Wer weder Geld noch Güter besitzen will, hat entweder schon alles gehabt und ist dessen überdrüssig geworden, oder er hat jemanden gefunden, der so sicher für ihn sorgt, daß er keinerlei Bestrebungen zu haben braucht.

Ich halte es für ebenso unnatürlich, wenn ein Mensch sagt: »Ich will überhaupt keinen Besitz«, wie wenn er ausschließlich danach strebt. Auch hier liegt wohl die Weisheit wieder in der Mitte, so wie wir dies im Kapitel zur Macht des verirrten Denkens ja ausführlich behandelt haben.

Menschen wollen über Mittel *verfügen,* dies ist die Aktivität, die sich aus dem Besitz heraus entwickelt (vgl. Abb. 5). Es ist ihr Wunsch, vermögend zu sein, ein Haus, ein Auto zu haben, einen Garten, schöne Bücher. Wenn wir aber über alle uns möglichen Besitztümer verfügen wollen, dann entwickelt sich diese Strebung zu einer unerhörten Gier.

Es geht um den richtigen Weg in der Mitte. Einen Weg, bei

dem ich als gläubiger Christ den Besitz meinem Herrn überreiche und sage: »Lieber Herr, von dir habe ich alles bekommen und alles gehört dir.« Gott nimmt dann nichts weg, sondern er übergibt mir den Besitz zum verantwortlichen Umgang wieder zurück. Dies ist die optimale Verfügbarkeit über Besitztümer, der Weg in der Mitte.

Dennoch ist auch diese Bestrebung beim einen stärker ausgeprägt als beim anderen. Der eine braucht etwas mehr Macht, der andere ein bißchen mehr Geld. So sind wir individuell verschieden, und bei der Lebensstilanalyse wird im Gespräch herausgearbeitet, in welche Richtung die Tendenz geht.

Streben nach Ehre bzw. sozialem Status

Auch hier hören wir immer wieder: »Nein, es geht mir keinesfalls um Ruhm und Ehre, ich will nur einen Dienst tun.« Tatsächlich können jedoch Dienst und Ehre in sehr subtiler Form miteinander zusammenhängen. Darum geht es aber vorläufig noch gar nicht. Wichtig ist es, auch hier wieder den richtigen Mittelweg zu finden. Nach Ehre zu streben heißt, was die Aktivität anbelangt (siehe Abbildung 5), vor anderen Menschen etwas darstellen, *glänzen* zu wollen. Dies ist nicht, wie viele Christen meinen, von Haus aus schlecht. Paulus sagt zwar, daß wir gesinnt sein sollen, wie es Jesus Christus auch war: »Er entäußerte sich selbst und nahm Knechtsgestalt an« (Philipper 2,7) – Jesus hat aber sehr wohl darauf hingewiesen, welchen Status er hatte, und sich als Sohn Gottes bekannt. Er hat auch das Streben seiner Jünger nach Ehre und Status gesehen und in großartiger Weise darauf reagiert, indem er ein Kind in ihre Mitte stellte. Wir sehen leider häufig nur eine Seite des Evangeliums und sollten doch lernen, die Mitte zu finden. Wenn wir dies nicht tun, bleiben wir an den Grenzen stehen. Dann sind wir entweder gar nichts wert, wollen überhaupt keine Ehre, sind der letzte Dreck – oder wir haben auf der anderen Seite diesen unglaublichen Trieb in uns, der erste und beste zu sein.

Wir sollten einfach akzeptieren, daß es uns wichtig ist, in dem sozialen Umfeld, in dem wir uns bewegen, anerkannt zu sein und dort auch »glänzen« zu wollen. Es macht in unserer westlich orientierten Leistungsgesellschaft schon einen Unterschied, ob man z. B. einen akademischen oder Adelstitel besitzt. Wer dies leugnet, hat zumeist Probleme mit seinem sozialen Status. Oft schon habe ich mitgelitten, wenn mir meine Freunde von der Not erzählten, »nur« eine Bibelschule besucht zu haben und deshalb »nur« Prediger und nicht Pfarrer zu sein. Sie haben mir erzählt, daß die Kinder in der Schule gefragt wurden, was denn das für ein »komischer« Beruf sei und ob sie zu einer Sekte gehören würden.

Manchen Menschen bedeutet die Strebung nach Ehre und Sozialprestige nicht so viel. Doch kennen wir dies Streben sogar aus den Evangelien, wo die Jünger überlegten, wer wohl der größte im Reich Gottes sein werde, wie dort die Sitzordnung sei usw. Wir sollten diese Strebung nicht wegdiskutieren. Vernünftiger und klüger ist es, ehrlich zu sein und zu sagen: »Doch, es bedeutet viel für mich, in irgendeinem Bereich gut zu sein, anzukommen, eine anerkannte Stellung einzunehmen – ob dies nun in der Welt oder in der Gemeinde ist.«

Auch hier wiederum ist der richtige Weg für Christen, diesen Wunsch ihrem Herrn weiterzureichen, ihm zu sagen: »Lieber Herr, du kennst mein Streben nach Geltung. Danke, daß du aus mir etwas gemacht hast und auch weiterhin an mir wirkst. Ich will meinen Weg mit dir gehen und du sollst der erste sein«. Dies wäre ein vernünftiger Weg, vorab muß man jedoch akzeptiert haben, daß die Bestrebungen da sind. Wenn man sie verdrängt, kommt das Streben nach Prestige oftmals zu ganz unangemessenen Zeiten wieder hoch und macht den Menschen schwer einschätzbar. Wenn man hingegen sein Empfinden ausspricht, der Sache einen Namen gibt, dann kann man auch mit Gott darüber reden und womöglich sein verzerrtes Lebensziel erkennen.

Es gibt noch eine weitere Form der Strebung nach Ehre, sie geht den diakonischen Weg. Man sucht dabei durch sehr viel Hilfestellung und Dienst Anerkennung zu finden. In extremer Form führt diese Strebung zum Helfersyndrom.

Es ist natürlich, daß man für eine Hilfestellung einen Lohn

erhält. Niemand auf der Welt tut einen Dienst von alleine. Ohne Motivation gibt es keine Bewegung. Irgendetwas zieht oder treibt immer, wenn wir aktiv werden. Auch dann, wenn wir ganz still und leise am Sonntagvormittag den Blumenschmuck vor den Altar stellen. Wenn sich der Pastor freut und vor der ganzen Gemeinde das schöne Gebinde lobt – dann hat auch der »stille Dienst« seine Früchte gezeigt. Es ist ganz natürlich, wenn man so denkt. Man sollte nur zugeben, daß das Lob für den Dienst eine reiche Belohnung ist.

Auch beim Dienen geht es wieder darum, ein mittleres Maß zu finden und bei der Überprüfung des Lebensstils ist es wichtig, auf mögliche Extreme zu achten: der hilflose Helfer kann ein solches Extrem sein wie auf der anderen Seite der hedonistische Egozentriker.

Streben nach Selbstverwirklichung

Die letzte der großen Strebungen führt zur Selbstverwirklichung. Die sich daraus entwickelnde Aktivität (vgl. Abbildung 5) ist die *Entfaltung* der Persönlichkeit.

Wie oft schon habe ich gehört, daß Menschen in kurzsichtiger Weise über diese Strebung hergezogen sind und sie verurteilt haben; vielleicht haben sich manche durch den Kampf gegen diese Strebung sogar selbstverwirklicht....

Wir sollten in den Chor dieser Aussagen nicht einstimmen, ehe wir definiert haben, was mit dem Streben nach Selbstverwirklichung überhaupt gemeint ist. Es geht dabei darum, die angelegten Ressourcen, die dem Menschen von Gott geschenkten Potentiale zu entdecken und zu entfalten. Diese Entfaltung gehört zum Menschsein hinzu, jedermann hat auch den Wunsch, die Strebung danach.

Natürlich gibt es hierbei wieder Extreme: Wer sich nicht entfaltet, verhindert die von Gott vorgesehene Aufgabe zu tun. Und das andere Extrem, das egoistische Ausleben der angelegten Gaben, geht ebenso fast immer zu Lasten anderer.

Ich halte es für wichtig, auch hier den mittleren Weg zu gehen.

Dies bedeutet vorab, die angelegten Gaben, die Gott geschenkt hat, zu erkennen und wenn möglich, zu realisieren. Damit kann man natürlich andere Menschen stören, deshalb ist es notwendig, ein ausgewogenes Feld in der Mitte zu finden. Eine solch optimale, also nicht die maximale und auch nicht die minimale Form der Selbstverwirklichung, ist wichtig für die gesunde Entwicklung eines Menschen. Wenn diese Entwicklung gestört ist, können sich verzerrte Lebensziele entwickeln – und damit auch der Lebensstil in die seelische Krankheit führen.

Zusammengefaßt soll zu den Strebungen nochmals gesagt werden, daß sie zur biblischen Anthropologie von Anfang an dazugehören. Gott hat den Menschen in dieser Weise geschaffen. Daß diese Strebungen durch den Sündenfall verzerrt werden können, ist eine bekannte Tatsache und daß wir als Christen an unseren Schwachstellen vom Feind angegriffen werden, erleben wir täglich. Wenn einzelne Christen diese Strebungen negieren und meinen, sie hätten für einen Menschen, der ein neues Leben mit Christus begonnen hat, keine Gültigkeit mehr, dann gehen sie m. E. an der Realität vorbei.

Mein Wunsch und Ziel wäre, folgendes zu verstehen: Ich darf die Strebungen akzeptieren. Sie sind nicht von Haus aus schlecht. Es ist vernünftig, ein Mittelmaß anzustreben, wobei sich die einzelnen Menschen im Grad der Ausprägung durchaus unterscheiden können. Extreme jedoch führen zu verzerrten Lebenszielen – und damit entwickelt sich ein entsprechender Lebensstil, der nicht selten zu seelischen Krankheiten führen kann.

Bei der Suche nach dem Lebensziel geht es ganz praktisch darum, die Strebungen zu hinterfragen. Möglicherweise hat ein Ratsuchender beim Machtstreben eher kleinere Werte, jedoch den ausgeprägten Wunsch, sein Vermögen zu vergrößern. Er fühlt sich unsicher und sucht deshalb nach beständigen Werten. Ehre bedeutet ihm weniger, aber er möchte gerne helfen. Wegen dieses Dienstes stellt er die Selbstverwirklichung zurück und hat deshalb bei dieser Strebung nur kleine Werte. In der Seelsorge ist es nun wichtig, alle

Strebungen zusammenzufassen und daraus ein Lebensziel abzuleiten. Dabei wird deutlich, daß die Lebensziele der verschiedenen Menschen, auch der Ehepartner, selten identisch sind. Wenn wir dies verstehen, kann die Kommunikation und damit auch das Gemeindeleben wesentlich verbessert werden.

Für den verzerrten Lebensstil gilt, daß alle Strebungen, die extrem sind, krank machen können.

Lebensstil und Vergangenheit

Wenn wir bisher darüber nachgedacht haben, wie Lebensziele durch das Befragen nach den Strebungen ermittelt werden können, dürfen wir dabei nicht übersehen, daß die teilweise unbewußte Vergangenheit eine recht große Rolle spielen kann. D.h. möglicherweise kann der Befragte gar nicht ohne weiteres die unbewußten Anteile seines Lebenszieles ausformulieren. Von der Individualpsychologie wissen wir jedoch, daß sich das Lebensziel aus bewußten und unbewußten Anteilen zusammensetzt.

Für Christen, die ein neues Leben im Sinne von Johannes 3 begonnen haben, taucht dabei natürlich sofort die Frage auf, in welchem Zusammenhang Lebensziele aus dem Bereich dieses neuen Lebens mit denjenigen Anteilen zu sehen sind, die aus ihrer Kindheit herrühren, in der sie noch nicht in der Nachfolge Christi lebten. Nicht selten sind verschiedenartige Zielsetzungen die Ursache für Spannungen und große Not im späteren Glaubensleben erwachsener Menschen. Wir wollen nachfolgend die Zusammenhänge zwischen unbewußten Anteilen aus der Kindheit und dem Erleben in der Gegenwart als Erwachsener genauer untersuchen.

Individualpsychologen gehen davon aus, daß sich die Lebensziele aus zwei Komponenten zusammensetzen: Aus einem Anteil der Kindheit, in der man Früherfahrungen gemacht hat, er wird als »primäres Bezugssystem« bezeichnet, und einem sekundären Anteil des Jugendlichen und Erwachsenen. In der Abbildung 6 sind diese beiden Anteile und das dort übliche Denken zusammengefaßt dargestellt.

Das primäre Bezugssystem umfaßt die private Wirklichkeitsauffassung (und damit auch die private Logik) des Menschen. Subjektive »primäre« Meinungen, Sichtweisen und Vorurteile sowie Vorstellungen, die teilweise unter stark eingeschränkten Bedingungen in den ersten Lebensjahren eines Kindes entstanden sind, kennzeichnen das Prinzip dieser privaten Logik. Ihr Kennzeichen ist die Tendenz zu extremen und verabsolutierenden Urteilsschlüssen (z. B. Schwarzweiß-Denken). Es ist dem Erwachsenen in aller Regel nicht möglich, die Inhalte des primären Bezugssystems zu verbalisieren. Hierzu bedarf es einer besonderen Art der Lebensstilanalyse.

Das *sekundäre Bezugssystem* umfaßt die allgemeinverbindlichen und regelhaften Prinzipien unserer Gesellschaft. Diese Art von Logik wird dem Kind im Verlauf seiner Erziehung durch seine Sozialpartner (Eltern, Lehrer usw.) vermittelt und ermöglicht Denkoperationen, die weit weniger »primitiv« als die des primären Bezugssystems sind. Das sekundäre Bezugssystem umfaßt also Inhalte, über die sich Menschen verbal austauschen können. Dieses System ist grundsätzlich für eine bewußte Reflexion offen und verständlich, während die primären kognitiven Prozesse, wie schon beschrieben, einer unmittelbaren Bewußtmachung entzogen sind – und nur indirekt (auf intuitiv-einfühlendem Wege) erahnt und dann in die Sprache des sekundären Bezugssystems übersetzt werden können.

Abb. 6 Primäres und sekundäres Bezugssystem des Lebensstils

Das primäre und sekundäre Bezugssystem bilden zusammen den Hintergrund für das Lebensziel eines Menschen.

Die häufig für den Erwachsenen unbewußten oder nicht sprachlich ausformulierten Inhalte des primären Bezugssystems stammen aus der frühen Kindheit. Sicherlich wurde vieles davon wieder vergessen, diejenigen Erlebnisse jedoch, die wichtig waren, sind erhalten geblieben. Hier unterscheidet sich der individualpsychologisch orientierte Ansatz von dem des Analytikers, der von Verdrängungen ausgeht. Wahrscheinlich gibt es Erlebnisse, die wir verdrängt haben, die wichtigen jedoch sind m. E. deutlich auch im Erwachsenenalter präsent und können sprachlich ausformuliert werden – natürlich vor dem Hintergrund der kindlichen Logik, aber doch artikulierbar. Wer z. B. als Kind von einem Auto überfahren wurde, weiß dies in der Regel auch noch im höheren Alter. Wer einen ganz besonders gravierenden Unfall erlebte, etwas

Schreckliches sah usw., dem sind diese Erlebnisse im Bewußtsein und zumeist nicht verdrängt. Die Schwierigkeit zeigt sich eher darin, daß die Früherfahrungen vor dem Hintergrund des kindlichen Denkens erlebt worden sind. Und dieses kindliche Denken ist ja, wie wir im vorangegangenen Kapitel gezeigt haben, ganz anders als das der Erwachsenen. Für ein Kind gibt es kaum Grautöne zwischen schwarz und weiß. Die Eltern sind präsent und damit existent – oder es gibt sie gar nicht. Entweder ist man groß wie Papa und Mama oder klein und unfähig wie das Baby oder Kleinkind. Entweder kann man alles wie die Eltern – oder gar nichts wie das kleine Kind. In diese Richtung zeigt das Denken der frühen Kindheit bis ungefähr zum Vorschulalter. Es ist eine für erwachsene Menschen eigenartige private Logik, die nicht mit der Realität des sekundären Bezugssystems, also einer allgemeinen Vernunft, übereinstimmt.

In dieser Zeit macht das Kind großartige und sehr stabile Erfahrungen. Z. B. daß man, wenn man sich anstrengt, viel erreichen kann. Oder, je nachdem wie die Eltern erziehen, daß man überhaupt nichts schafft, daß man zu allen Verrichtungen Papa und Mama braucht.

Es sind nach meinen Erfahrungen und den Ergebnissen der modernen Entwicklungspsychologie nicht so sehr einzelne traumatische Erlebnisse, die ein Kind prägen, sondern eher bestimmte *längerandauernde* elterliche Erziehungsmuster, die für die Entwicklung der Lebensziele maßgebend sind. Wenn Eltern einen Fehler machen, der nicht mit ihren sonstigen Erziehungsprinzipien übereinstimmt, ist dies längst nicht so schlimm, wie man früher häufig angenommen hat. Viel prägender ist der über längere Zeitspannen hinweg andauernde Erziehungsstil. Es kann sein, daß Ihnen mal die Hand ausrutscht – was nicht sein sollte, aber doch vorkommt – dann bekommt das Kind von dieser Ohrfeige keine traumatischen Angstzustände, sofern die Gesamterziehung ganzheitlich anders ist.

Fassen wir zusammen: Die Erlebnisse des kleinen Kindes werden sehr eindrücklich in einer Umgebung mit eingeschränkten Möglichkeiten erfahren. Dabei ist die sprachliche Ausformulierung nur ansatzweise vorhanden. Die Erfahrungen werden ganzheitlich erlebt und führen zur Ausbildung eines »primitiven« Lebenszielkonzepts, das in dieser Weise im Gedächtnis gespeichert bleibt. Mit diesen Prägungen wird aus dem Kind ein erwachsener Mensch – ohne in der Regel die frühkindlichen Erfahrungen jemals reflektiert oder sie ausgesprochen zu haben.

Mit zunehmendem Alter – und damit auch verändertem Denken – wird das primäre Bezugssystem immer mehr von dem überlagert, was zum Erfahrungsbereich des Erwachsenen gehört. Dem sekundären Bezugssystem entspricht dann das, worüber sich die Menschen verbal austauschen können, was den Regeln unserer Gesellschaft entspricht. Höflichkeit, Takt, äußeres Verhalten usw. sind z. B. Elemente dieses sekundären Bezugssystems. Übereinkünfte werden getroffen, die man sprachlich und logisch nachvollziehen kann.

Beziehen wir die beiden Bezugssysteme auf den Glaubensweg, so ist leicht einsehbar, daß die Entscheidung für Jesus Christus, der Herrschaftswechsel, zum sekundären Anteil gehört. Man hat verstanden, daß Jesus Christus der Sieger ist, daß ein neues Leben mit ihm begonnen hat. Man weiß, daß man Gottes Kind ist, daß es biblische Zukunftsperspektiven gibt. Und trotzdem kann es sein, daß ein Mensch, der dies alles weiß und sich auch darüber austauschen kann, zur Kirchentüre hinausgeht und zu sich selbst sagt: »Ich bin nichts wert«. Wie kommt es dazu? Wie ist es zu erklären, daß man von der Errettung weiß, genau verstanden hat, was Vergebung der Schuld bedeutet – also einen ganz klaren Kopf hat – und dennoch schon beim Hinausgehen die Schwermut oder das negative Denken wiederkommen, die Selbstgespräche sofort wieder um das Thema kreisen »Ich tauge nichts, aus mir wird nichts, ich bin der Kleinste, ein ständiger Verlierer?«

Wer ähnliches erlebt hat, kann vor dem Hintergrund unserer Betrachtungen zum Lebensstil jetzt eine Erklärung hierfür finden: Das negative Denken entstammt dem primären Bezugssystem, kommt von den Erfahrungen aus der frühen Kindheit. Vielleicht haben die Eltern in ihrer Erziehung immer wieder durchschimmern lassen: »Du bist klein und kannst nichts« oder »Du taugst nichts«,

»Du bist im Weg«, »Du mußt immer den Weg des Nachgebens gehen« usw. Wenn, bezogen auf die weiter oben beschriebenen Strebungen wie Macht, Besitztum, Ehre und Selbstverwirklichung, Extremlagen bei den Eltern aufgetaucht sind, haben dies die Kinder entsprechend erfahren und in das frühkindliche Konzept ihrer Lebensziele aufgenommen.

Durch die Änderung des sekundären Bezugssystems bei einer Entscheidung für Jesus Christus, einem verstandenen und akzeptierten Herrschaftswechsel, hat sich das primäre Bezugssystem nicht automatisch mitverändert. Da beide Systeme zusammen Grundlage für den Lebensstil sind, ist leicht zu verstehen, warum es bei unterschiedlichen Zielsetzungen zu großen Spannungen zwischen erfahrenem Glauben und frühkindlichen Prägungen kommen kann. Bei einer Analyse des Lebensstils zeigt sich immer wieder, daß auch Christen die in der Kindheit erlebten Kernsätze unreflektiert und unausgesprochen mit sich tragen. Ein sich negativ auswirkendes Lebensziel kann z. B. lauten: »Ich bin ein Versager«. Die Betroffenen wissen häufig gar nichts von diesem Satz, sie erleben ihn aber immer wieder im Alltag. Sie gehen von einem Versagen ins andere hinein – und dies, obgleich sie bewußt in der Nachfolge Christi stehen. Ein derartiges Lebenskonzept muß zuerst einmal herausgearbeitet und artikuliert werden. Daran anschließend beginnt die oftmals sehr lange dauernde »kognitive Rekonstruierung«, wie es im 2. Kapitel dieses Buches besprochen wurde.

Ich meine, es ist nicht der richtige seelsorgerliche Weg, in einem solchen Falle um eine »Befreiung« zu bitten. Sicherlich kann man dem Ratsuchenden die Hände auflegen, und er wird aufgerichtet werden, wie dies im Jakobusbrief steht, aber nicht selten wird er nach kurzer Zeit wieder in das alte Verhaltensmuster zurückfallen. In der Biblisch-therapeutischen Seelsorge geht es darum, den primären Anteil des Lebensstils zu erkennen und dann das Lebensziel zu verändern. Dies kann ein langer und anstrengender Prozeß sein – der Weg zur Heiligung.

Wenn ein Ratsuchender bei der Lebensstilanalyse erfährt, daß womöglich die elterliche Erziehung das Versagen zu verantworten hat, ist es die Aufgabe des Seelsorgers, Wege aufzuzeigen, die von einer Verurteilung oder gar Verdammung der Eltern wegführen und deutlich zu machen, daß Vergebung angesagt ist. Dies ist dann eine wahrhaft befreiende Seelsorge, sie löst die Schuldkomplexe, die hinter manchen frühkindlichen Erfahrungen stehen – und dann beginnt die Korrektur der verzerrten Lebensziele.

Neulich hatte ich mit einem jungen Mann zu arbeiten, bei dem sich folgendes Lebensstilkonzept herausstellte: »Ich will der Erste sein – aber ich will nicht auffallen«. Ganz natürlich war vor diesem Hintergrund die beträchtliche Spannung zu erklären, die ihn umtrieb und in die Seelsorge führte. Es ist ja kaum möglich, ganz vorne zu stehen, der Erste zu sein, und dabei nicht aufzufallen. Nach ca. zwei bis drei Stunden waren ihm die spannungsgeladenen Lebensziele recht deutlich. Daran anschließend ging es darum, sie zuerst einmal anzunehmen: Das kleine Kind hatte berechtigte Wünsche und Interessen, in der Kindergartengruppe »Bestimmer« zu sein. Ebenso darf der Erwachsene nach Macht streben. Angenommen wurde auch, daß das kleine Kind nicht auffallen wollte. Dies war durch die elterliche Erziehung so angelegt worden. Verständlich war, daß dieses Nichtauffallenwollen bis ins Erwachsenenalter viele Aktivitäten bremste. Im weiteren Gespräch wurde deutlich, wie sich die verschiedenen Strebungen oftmals recht positiv auswirkten und daß es in der Zukunft darum gehen mußte, die jeweiligen Anteile rechtzeitig zu erkennen, um dann entsprechend auszugleichen oder gegenzusteuern.

Lebensziele können wieder geändert werden. Sie sind nicht als endgültig zu sehen und müssen daher nicht fatalistisch hingenommen werden. Es handelt sich um ein zwar sehr stabiles, aber durchaus zu veränderndes Konzept.

Wenn wir dieses Konzept zuerst einmal in liebevoller Form akzeptieren, können wir – sofern dies überhaupt notwendig ist – auch daran arbeiten. Im 2. Kapitel sind die möglichen Wege dazu ausführlich beschrieben worden. Wenn wir die nötige Geduld haben, wird sich im Laufe von Wochen oder Monaten eine zwar langsame aber stetige Veränderung ergeben.

Falsche Ziele bei der Kindererziehung

Viel wirksamer, als ein verirrtes Lebenskonzept verändern zu wollen, ist es, positiv vorzubeugen. Weil in der frühen Kindheit wichtige Prägungen zum primären Bezugssystem entstehen, möchte ich abschließend noch einige Sätze beschreiben, die immer wieder auftauchen, wenn Erwachsene mit Problemen in die Seelsorge kommen. Diese Sätze sollten wir deshalb in der frühkindlichen Erziehung möglichst vermeiden:

»Ich muß immer das Beste für Jesus tun«.
Viele erwachsene Ratsuchende zeigen bei der Lebensstilanalyse, daß dies ihr Lebensziel ist. Immer das Beste für Jesus zu tun, klingt im ersten Augenblick überzeugend. Aber diese Forderung kann nicht eingehalten werden. Menschen mit diesem Lebensziel hinken hinter ihrem Anspruch das ganze Leben lang hinterher. Sie sind ständig am Ende. Erschöpfungsdepressionen können die Folgen eines derartigen Lebensstilkonzepts sein. Auch bei der Wortwahl und der Auswahl unserer Lieder gilt es, ausgewogen auszusuchen. Manche Lieder können recht gefährlich sein. »Paß auf, kleines Auge, was du siehst... denn der Vater im Himmel hat acht auf dich« erweckt beim Kind den Eindruck, Gott sei ein kritischer Polizist, der nichts anderes zu tun habe, als nachzuschauen, ob es auch alles richtig macht.

»Als Christ bin ich besser (oder anders oder erlöster) als die anderen«.
Auch dieses Lebensstilkonzept ist nicht ungefährlich, so schön es auch für den erwachsenen Christen klingen mag. Es führt für Kinder, die nicht in einer lebendigen Glaubensbeziehung stehen, zu einer nicht einlösbaren Forderung. Wenn Kinder ein derartiges Konzept haben und im Alltag fast nur gegenteilige Erfahrungen machen – sie sind genauso machtstrebend, besitzstrebend usw., wenn es demnach gar nicht stimmt, daß sie besser sind als andere, dann liegt der Schluß nahe, daß dann wohl auch das ganze Evangelium nicht stimmen kann... Viele Kinder werden deshalb nicht den Weg in die Nachfolge Jesu gehen.

»Ich bin der unwerteste aller Menschen«.
Ein solches Konzept führt zur Ichschwäche. Menschen mit einem solchen Lebensstilkonzept können sich nicht annehmen, weil ihnen dieser Satz schon in früher Jugend immer wieder nahegelegt worden ist.

Lassen wir doch diesen Sachverhalt unsere Kinder selbst begreifen. Sie sollen selbst verstehen, daß sie angesichts Gottes nichts – und doch gleichzeitig alles wert sind.

»Als Christ muß man immer ein Zeugnis sein«.
Dieses Konzept kann bei Kindern zu eintrainierten Fassaden führen. Je älter sie werden, umso schneller möchten sie einen solchen, für sie unnatürlichen, Zwang wieder loswerden. Sie haben nichts anderes im Sinn als auszubrechen.

Kinder erleben als Ergebnis dieses Lebensstilkonzeptes: Als Christ muß man sich immer verstellen, man darf nie so sein, wie man wirklich ist.

Fassen wir abschließend zusammen:
Unsere Lebensziele prägen den Lebensstil. Es ist wichtig, die Ziele zu kennen. Ehrlichkeit ist dabei angesagt. Wenn wir erkennen, daß jeder von uns nach Macht, Besitztum, Ehre und Selbstverwirklichung strebt, dann wird sich vieles auch bei unseren Kindern abklären. Suchen wir nicht die Extreme dieser Strebungen, sondern das persönliche Optimum – gleichwohl es im Blick auf Jesus Christus nur ein Maximum gibt: Völlig erlöst, gerecht gesprochen und in die Lebensgemeinschaft mit ihm gestellt.